Zu diesem Buch

«Ent-wickle dich» ist mit der Kraft eines Verrückten und der Präzision eines Gehirnchirurgen geschrieben worden und deshalb ohne jede Frage ein gefährliches Buch. Es ist gefährlich, weil es lebendig ist und weil alles wahrhaft Lebendige eine Bedrohung für die Unlebendigen ist. Das Ent-wickeln ist Hyatts Stärke. Die Aufmachung dieses Buches ist genau darauf abgestimmt, Ihre Vorurteile aufzudecken.

Dr. Christopher Hyatt hat sowohl klassische Psychologie als auch Reichsche Therapie praktiziert und sich darüber hinaus zwanzig Jahre lang mit dem Okkultismus befaßt. Seine jahrelangen klinischen Erfahrungen hat er auf raffinierte, ja schockierende Weise auf den Punkt gebracht. Voller Scharfsinn, Humor und Durchblick hat er das Grundelement der Zen-Meditation herausgefiltert. Das Ergebnis ist eine Meditationstechnik, die unvergleichlich ist. Diese Energie-Meditation dürfte sich als die Lösung erweisen für Tausende von frustrierten Menschen und für diejenigen, die mit anderen Methoden nicht weitergekommen sind.

Allerdings sei der Leser gewarnt: Er sollte dieses Buch nicht ernst nehmen, sofern er sich nicht wirklich ändern will . . .

Christopher S. Hyatt

ENT-WICKLE DICH!

Vom programmierten Primaten zum schöpferischen Selbst

Vorwort von Robert Anton Wilson
Einleitung von Israel Regardie
Aus dem Amerikanischen von Erika Ifang

transformation

rororo transformation
Herausgegeben von Bernd Jost
und Jutta Schwarz

Umschlaggestaltung Peter Keller
(Illustration Stefan Kiefer)

Deutsche Erstausgabe
Veröffentlicht im Rowohlt Taschenbuch Verlag GmbH,
Reinbek bei Hamburg, Juni1989
Die Originalausgabe erschien 1987 bei Falcon Press
Phoenix, Arizona 85012 U.S.A.
unter dem Titel «Undoing Yourself - With Energized
Meditation And Other Devices»
Copyright © 1982 by Christopher S. Hyatt
Satz Trump Mediaeval (MAC II, PM 3.0)
Gesamtherstellung Clausen & Bosse, Leck
Printed in Germany
980-ISBN 3 499 18524 5

INHALT

Meinem
verehrten Lehrer
Israel Regardie
(1907 - 1985)
gewidmet

D a n k

Der Verfasser ist den folgenden Personen
und Quellen zu Dank verpflichtet:

Buddha
Sohar
G
I R
AC
TM
RAW
ARM
LMM
VLK
RAS
JSW
JMS
ELR
CCW
PVG
RARW
SG
KSM
LR
MRM
PZ
SS
CH

Sollten Sie Ihren Namen
nicht genannt finden,
lassen Sie's mich bitte wissen.

VORWORT

Robert Anton Wilson

Wenn man sich in den Vereinigten Staaten unbeliebt machen will, braucht man nur die Bemerkung zu machen, das Christentum und die Demokratie seien mit das Schlimmste, was der Menschheit je widerfahren sei. Geschichtsstudenten wissen natürlich, daß die christliche Religion während der langen Dekaden des Fanatismus tatsächlich besonders blutig und zerstörerisch gewütet hat; Liberale und Rationalisten erinnern zwar stets an diese tragische Entwicklung der Religion der Liebe, aber nur wenige von ihnen haben sich die Mühe gemacht, all die Fakten zu registrieren, die der Harvard-Soziologe Pitrim Sorokin zum Thema «Krieg» zusammengetragen hat. In seinem Buch *Social and Cultural Dynamics* und anderen Werken belegt Sorokin zweifelsfrei, daß demokratische Nationen vom Anbeginn der Zivilisation bis heute in mehr imperialistische Kriege verwickelt waren und diese mit größerer Grausamkeit geführt haben als Völker mit irgendwelchen anderen Regierungsformen. Orientalische Gewaltherrschaften, absolute Monarchien, ja selbst die faschistischen und kommunistischen Staaten von heute, sie alle haben sich im Lauf der Geschichte der abscheulichsten Tyrannei und allgemeinen Unterdrückung des Menschen schuldig gemacht, und doch waren sie insgesamt viel weniger aggressiv und kriegswütig als die Demokratien vom alten Athen bis zum modernen Amerika.

Der Blutdurst des Christentums und der Demokratie – der regelrecht fühlbar wird, wenn man nur ein paar Minuten einer Rede von Prediger Jerry Falwell oder seinem guten Freund Ronald Reagan zuhört – beruht natürlich auf Arroganz, Größenwahn und einem tiefeingewurzelten Gefühl der Überlegenheit gegenüber allen nichtchristlichen und nichtdemokratischen

9

Völkern. Darüber hinaus aber liegt die Gewalttätigkeit christlich/demokratischer Länder in dem einzigartigen Wahn begründet, in dem sowohl die Religion der Liebe als auch die Politik der Freiheit befangen ist. Dieser Wahn besteht in der Überzeugung, dem Menschen sei eine Art von metaphysischem «freien Willen» angeboren, der ihn über das Tier erhebt und den Göttern fast ebenbürtig macht.

Der Wahn vom «freien Willen» ist keineswegs ein kleiner Irrtum wie etwa die irrtümliche Überzeugung, es sei Dienstag, obwohl es in Wirklichkeit Mittwoch ist. Er ist nicht einmal einem der gewichtigeren Denkfehler bekannter Art vergleichbar wie etwa Marx´ Behauptung, ein totalitärer «Arbeiterstaat» würde nach seiner Entstehung schnell und auf magische Weise wieder «dahinschwinden». Er ist noch schändlicher und verderblicher als der mittelalterliche Hexenwahn, durch den aus Hysterie, Aberglauben und auf bloßes gerüchteweises Hörensagen hin, das kein heutiges Gericht als Beweismittel anerkennen würde, zehn Millionen Frauen auf dem Scheiterhaufen umkamen. Der Wahn vom «freien Willen» ist viel schwerwiegender als das alles. Er verdreht die Wirklichkeit um 180 Grad, und wer ihm verfällt, begegnet allem, was um ihn herum geschieht, mit völligem Unverständnis; er könnte ebensogut taub, stumm und blind sein und zur Warnung ein Schild tragen mit der Aufschrift: ENDSTATION IRRENHAUS.

Das rede ich nicht einfach so daher, und ich möchte auch nicht als satirisch oder polemisch mißverstanden werden. Die heutige Biologie und Psychologie hat klar und deutlich nachgewiesen, daß sich 99 Prozent der Menschheit 99,99999 Prozent der Zeit in einem roboterhaften, zombieähnlichen Zustand befindet. Und das gilt nicht etwa für «die anderen». Es gilt für SIE UND MICH. Das einzig Positive an uns sind gelegentliche Lichtblicke, aber die hat eigentlich auch jeder, der an Schizophrenie leidet.

OST, WEST UND MITTE

Im Orient, mit eigener Blödheit geschlagen und gleichfalls abergläubisch, herrscht über das Märchen vom «freien Willen» eine erstaunliche Klarheit: Buchstäblich ohne Ausnahme sind alle großen orientalischen Philosophen zu der Erkenntnis gekommen, daß Esel, Heuschrecken, Delphine, Schildkröten, Kolibris, Hunde, Hühner, Tiger, Haie, Ziesel, Spinnen, Schimpansen, Kobras, Kühe, Läuse, Tintenfische, Rehe und Menschen von gleicher Bedeutung, gleicher Bedeutungslosigkeit und gleicher Leere sind und in gleicher Weise Ausdrucksformen der «Weltseele» oder «Lebenskraft» darstellen. Buddhismus, Vedanta und Taoismus behaupten gar, jedes der eben erwähnten klugen Tiere einschließlich des Menschen besitze etwa genausoviel «freien Willen» wie Blumen, Büsche, Felsen und Viren, und der Wahn des Menschen, vom Rest der Natur getrennt oder ihm überlegen zu sein, sei eine Form der narzißtischen Selbsthypnose. Aus dieser egoistischen Trance zu erwachen, ist das erklärte Ziel aller psychologischen Systeme des Ostens.

Im Widerspruch zu dieser östlichen Erkenntnis und Hinnahme einer bestehenden natürlichen Ordnung, aber auch zu den christlich-demokratischen Wahnvorstellungen vom «freien Willen» und von «persönlicher Verantwortung» stehen die Geheimlehren des Sufismus im Islam und der Hermetik in Europa. Diese räumen zwar ein, daß domestizierte Primaten (Menschen) die gleichen Mechanismen aufweisen wie ihre wilden Artgenossen (etwa die Schimpansen), nehmen aber an, daß die Menschen durch bestimmte Übungen immer *weniger* mechanisch agieren, bis sie schließlich im Laufe einer Entwicklung über Jahr und Tag hinweg Freiheit und Verantwortung erlangen.

Derartige «spirituelle» (neurologische) Übungen der Entwicklung und Entmechanisierung finden im Orient natürlich kaum Anklang, da dort die Auffassung vorherrscht, daß man als Roboter geboren wird und als Roboter stirbt; und noch geringeres Interesse bringen ihnen die christlich-demokratischen Kulturen entgegen, die davon ausgehen, daß man bereits frei und verantwortlich geboren ist und nicht ARBEITEN, HART ARBEITEN muß, um überhaupt einmal annähernd nichtmechanische Bewußtseinszustände und Verhaltensweisen zu erleben.

Im Orient ist man leicht zur Vergebung bereit, denn von Robotern kann man nicht erwarten, daß sie etwas anderes tun als das, was durch Vererbung und Umwelteinflüsse hineinprogrammiert wurde. Die christlich-demokratischen Nationen sind so blutrünstig, weil sie nicht vergeben können, sondern jeden einzelnen für die Verhaltensprägungen und -konditionierungen verantwortlich machen, die jeweils «out» sind. (Darum nannte Nietzsche das Christentum «die Religion der Rache» und Joyce den christlichen Gott einen Blutrichter.) Der Sufismus und die Hermetik sind insofern fast orientalisch, als sie Robotern ihre Roboterhaftigkeit vergeben, aber sie tun es ohne falsche Gefühle. Mit den Worten eines Sufidichters:

Der Narr vergibt nicht und vergißt nicht,
die Halberleuchteten vergeben und vergessen;
der Sufi vergibt, aber vergißt nicht.

Das heißt, der Sufismus und andere hermetische Traditionen gehen davon aus, daß Roboter sich wie Roboter benehmen, ohne sie dafür «verantwortlich» zu machen, aber sie vergessen auch keinen Augenblick, keine Nanosekunde lang, daß wir in einer Roboterwelt leben – «einem bewaffneten Irrenhaus», wie der Dichter Allen Ginsberg sagt. Wer diesen Traditionen angehört, weiß, daß ein Mensch, der christliche oder demokratische Sprüche von sich gibt, darum noch keineswegs mit brüderlicher Liebe handelt; im allgemeinen verhält er sich weiterhin so wie ein schlecht verdrahteter Roboter.

Der Sufismus ist nur die größte unter den nahöstlichen und europäischen «mystischen» Bewegungen, die den normalen Menschen in seiner Roboterhaftigkeit sehen, aber entgegen dem orientalischen Denken versuchen, denjenigen zu entwickeln und zu entmechanisieren, der seine Mechanismen dumpf zu begreifen beginnt und sich, soweit das möglich ist, davon lösen will. Ich will hier keine Werbung für den Sufismus machen (er kommt gut ohne meine Reklame zurecht); die Sufilehre soll nur ein Beispiel für die Tradition sein, der auch dieses wunderbare Buch ENT-WICKLE DICH! angehört.

Viele Leser werden, sofern sie sich überhaupt schon einmal mit solchen Ideen befaßt haben, wahrscheinlich gleich an Gurdjieff und Ouspensky denken, die beiden begabtesten Vertreter einer neo-sufistischen Schule, die sie unter der Markenbezeichnung «esoterisches Christentum» unters Volk brachten. Viel verdankt das vorliegende Buch Aleister Crowley, der ebenfalls dieser Tradition angehörte, seine eigene Version jedoch «Gnostic Magick» nannte. Ferner macht sich der Einfluß des Biopsychologen Wilhelm Reich hier bemerkbar; doch im Grunde ist dieses Zurückführen auf irgendwelche Quellen müßig. Wichtig an der Arbeit von Christopher Hyatt ist eigentlich nur, *was Sie herausholen können*, und das hängt vollkommen davon ab, *was Sie hineinstecken*.

OUTPUT GLEICH INPUT

Auf meinen Reisen lerne ich oft Leute kennen, die irgendwie die Wahnsinnsidee haben, ich sei das Oberhaupt der Illuminaten (dabei bin ich allerhöchstens ein Zehennagel), und von mir in die Geheimnisse der hohen Magie eingeführt werden wollen. (Obwohl es mir schwerfällt, meine Spottlust zu bezähmen, widerstehe ich doch meist der Versuchung, ihnen zu sagen, sie könnten die totale Erleuchtung erlangen, wenn sie nur «Lucy in the Sky with Diamonds» in Kindergeheimsprache singen und dabei auf dem Kopf stehen würden.) Von denen, die eine etwas genauere Frage zu stellen wissen als bloß: «Was ist das Geheimnis?», werde ich am häufigsten über Crowleys Doktrin vom wahren Willen befragt. Und die Leute erzählen mir ganz ernsthaft, sie hätten zehn, zwanzig und mehr von Crowleys Büchern gelesen, mehrmals gelesen, und wüßten immer noch nicht, was «wahrer Wille» bedeutet.

Gurdjieff würde sagen: «Was beweist diese Frage? Sie beweist, daß diese Leute schlafwandeln und nur träumen, sie seien wach. Das beweist diese Frage.»

Ich kenne eigentlich nur einen Grund dafür, warum es Leute gibt, die ausgiebig Crowley lesen und trotzdem *nicht* verstehen, was «wahrer Wille» heißt. Dieser Grund erscheint auf den ersten Blick geradezu unglaublich, aber nur er bietet eine Erklärung für diese erstaunliche Ausfallerscheinung. Daß viele Crowley-Leser den «wahren Willen» nicht verstehen, liegt daran, daß sie trotz aller Ernsthaftigkeit nie *eine der Übungen durchgeführt* haben, die Crowley denen empfiehlt, die sich aufrichtig entmechanisieren wollen, um zu erfahren, was mit dem wahren Willen gemeint ist.

Kurz nach dem Erscheinen meines Handbuches mit Entmechanisierungübungen, *Der neue Prometheus* (rororo transformation 8350), besuchte ich eine Kosmische Konferenz, auf der ich unter anderem auch E. J. Gold von der *Fake Sufi School* traf. Gold erklärte mir, niemand würde die Übungen aus meinem Buch durchführen, und trotzdem würde ich massenweise Briefe von Leuten bekommen, die mir schreiben würden, das Buch hätte sie «befreit». Da ich ein bißchen das Gefühl habe, daß Sufis, sogar falsche Sufis, der Menschheit in ihrem gegenwärtigen Evolutionsstadium zu skeptisch gegenüberstehen, habe ich es mir zur Auflage gemacht, Leute, die mein Buch in meiner Gegenwart loben, zu fragen, wie viele Übungen sie schon durchgeführt hätten.

Die meisten sind dann ein wenig beschämt und geben zu, daß sie nur ein «paar» der Übungen gemacht haben (was wahrscheinlich heißt, daß sie keine einzige gemacht haben). Manche Leute behaupten allerdings, fast alle oder wirklich alle Übungen durchgeführt zu haben, und strahlen so dabei, daß ich versucht bin, ihnen zu glauben. Nicht zuletzt darum bin ich zu der Überzeugung gekommen, daß die Sufis und Gurdjieff unrecht haben mit ihrer Feststellung, 999 von 1000 Leuten würden sich nie mit Übungen zur Befreiung befassen. Es sind wohl doch bloß 987 von 1000, die lieber über die Arbeit reden, statt sie zu tun. Mindestens 13 von 1000 führen die Übungen *tatsächlich* aus.

Ich bin zu dem Schluß gekommen, daß einer der Gründe, warum die meisten Leser von Ratgebern zur Selbstbefreiung letztlich nicht die kleinste Anstrengung machen, sich zu befreien, darin zu suchen ist, daß das Lesen solcher Bücher selbst schon auf abergläubische Art als «magisches Ritual» betrachtet wird, von dem sie annehmen, es tue seine Wirkung auch ohne besonderen Einsatz von ihrer Seite. Die gleiche Art von Aberglauben bringt andere dazu, in Rätselbüchern gleich im Anhang die Auflösungen nachzuschlagen, statt die Rätsel selbst zu lösen, und zu glauben, daß sie davon genausoviel hätten. Inzwischen gibt es sogar ein Buch mit den Antworten für Zen-Koans, als wären die Antworten und nicht der Prozeß der Beantwortung ausschlaggebend für die Erfahrung des Zen.

Der Hauptgrund für die Vorliebe der Leute, *neurologische Übungen nur nachzulesen, statt sie auszuführen*, ist neben dieser «symbolischen Magie» (im Unterschied zur wirklichen Magie, die eine Art Veränderungsübung für den Kopf ist) Entsetzen und blanker Horror bei dem Wort «*Arbeit*». Einige großartige Lehrer, insbesondere Gurdjieff und Crowley, haben Tausende von Möchtegern-Schülern abgeschreckt durch die HARTE ARBEIT, die sie in Aussicht stellten (so wie auch ich viele Leser mit diesen Worten verscheuche).

Natürlich verbinden die meisten Menschen der modernen Welt zu Recht schlimme Vorstellungen mit dem Wort «Arbeit». «Arbeit» ist in diesem Zeitalter im allgemeinen der reine Stumpfsinn, ein monotones, geisttötendes Ärgernis ohne Sinn und Zweck, eine Marter, bei der man sich 40 oder 45 Jahre abrackert und zu Tode langweilt. Marx traf den Nagel ziemlich genau auf den Kopf mit seinem Ausdruck «Lohnsklaverei». Die meisten Leute sind sich durchaus darüber im klaren, scheuen sich aber, es zuzugeben, denn wer eine Abneigung gegen «Arbeit» hat, ist nach landläufiger Meinung Kommunist oder geistesgestört.

Kürzlich habe ich im Radio gehört, wie ein Politiker in der BBC äußerte, die englischen Arbeiter seien wohl deshalb bekanntermaßen «faul», weil ihre Tätigkeiten so unaussprechlich menschenunwürdig und stumpfsinnig wären. «Wenn ich dieser Art von Arbeit nachgehen müßte, würde ich mich so oft wie möglich krank melden und jede Möglichkeit beim Schopf packen, mich davonzumachen», sagte er unumwunden. Ich habe unglücklicherweise das Radio zu spät eingeschaltet und den Namen des Mannes nicht mitbekommen, was mir in der Seele leid tut, denn ich vermute, er ist der einzige ehrliche Politiker der Welt.

Dieser weltweit verbreitete, aber unterdrückte Haß auf die «Arbeit» ist schuld daran, daß fast jeder die Arbeitslosen verachtet und verfolgt. Dabei beneidet die Mehrheit diejenigen, die Arbeitslosengeld beziehen, und wünscht sich insgeheim nichts sehnlicher, als selbst der Tretmühle zu entkommen und ohne Arbeit leben zu können.

Jahrzehnte habe ich gebraucht, um das zu verstehen, denn ich selbst gehöre zu der glücklichen Minderheit, die einer befriedigenden Tätigkeit nachgeht. (Bei der Arbeit bin ich kaum zu bremsen, wie meine Frau bestätigen kann.) Die Minderheit, die ihre Arbeit tatsächlich gern tut, setzt sich offenbar größtenteils aus Schriftstellern, Tänzern, Schauspielern und anderen Künstlern zusammen, des weiteren aus Wissenschaftlern, die nicht mehr an der Angel des technologischen Fortschritts hängen, Computer-Freaks und den rechtschaffenen Dope-Dealern von Kalifornien. Alle übrigen wünschten, sie hätten den Mut, arbeitslos zu sein, schämen sich jedoch des Schandflecks auf ihrer Weste und bauen diese Spannungen dadurch ab, daß sie sich gegenüber Arbeitslosen bei jeder Gelegenheit von ihrer unangenehmsten Seite zeigen.

HALLO! OHREN AUF!
HIER WIRD EIN GEHEIMNIS DER
ILLUMINATEN OFFENBART!

Jetzt will ich Sie in ein wirkliches Geheimnis der Illuminaten einweihen, eins, das nie zuvor an die Öffentlichkeit gedrungen ist.

Die sogenannte «Arbeit», die eine Veränderung im Kopf herbeiführen könnte, hat überhaupt nichts mit normaler «Arbeit» zu tun. Sie ist eher der kreativen Ekstase des Künstlers oder Wissenschaftlers vergleichbar, wenn man erst einmal ganz dabei ist. Die meisten Leute haben Angst davor, weil sie meinen, daß «Arbeit» Spaß machen kann.

Folglich ist es am besten, die ENERGIE-MEDITATION gar nicht mit «Arbeit» in Verbindung zu bringen, zumindest nicht mit dem, was heute als «Arbeit» erfahren wird. Vielleicht ist es nützlicher und zutreffender, die EM-Übungen eher als «Spiel» und nicht als «Arbeit» zu begreifen. Spiele haben natürlich auch ihren Haken, und wer nicht immer verlieren, sondern Gewinner sein will, muß schon Energie aufwenden, aber es ist doch etwas ganz anderes als die Lohnsklaverei, die von der Mehrheit «Arbeit» genannt wird. Um es gleich zu sagen: Die Übungen haben mehr Ähnlichkeit mit Liebesspielen als mit anderen Spielarten, denn es werden auf jeden Fall Energien mit erotischer wie auch therapeutischer Nebenwirkung freigesetzt. Sie sind schön blöd, wenn Sie nicht einsteigen, nur weil Sie glauben, jede Anstrengung müßte «Arbeit» in dem Sinne sein, in dem die Menschen in unserer Gesellschaft heute unter dem «Fluch der Arbeit» leiden.

Gehen Sie an die Übungen lieber wie an Ihren Lieblingssport oder Ihre bevorzugte Freizeitbeschäftigung heran — wie ans Angeln, Vogelbeobachten, Fußballspielen oder was immer Sie sonst leidenschaftlich gern und aus reiner Begeisterung tun. Wenn das nicht ein «Spiel» ist, dann weiß ich nicht, was «Spielen» ist.

Mit den Worten «HARTE ARBEIT» wollte ich Sie lediglich ködern. Eigentlich hätte ich genauer sagen sollen: HARTES SPIEL.

Der zweite Teil dieses Geheimnisses der Illuminaten befaßt sich mit dem, was ich anderswo Wilsons 23. Gesetz genannt habe. (Wilsons erstes Gesetz lautet natürlich: «Gewißheit haben ausschließlich diejenigen, die nicht mehr als eine einzige Enzyklopädie besitzen.» Wilsons zweites Gesetz ist das im ILLUMINATUS beschriebene Prinzip: «Kommunikation ist nur zwischen gleichen möglich.» Alle Wilsonschen Gesetze werden der Öffentlichkeit zugänglich gemacht, wenn die Welt für die erschütternden Offenbarungen reif ist, die sie beinhalten.)

Das 23. Wilsonsche Gesetz heißt:

Tun Sie's jeden Tag.

Das ist das grundlegendste aller Geheimnisse der Illuminaten, und ich bin oft gewarnt worden, daß es schreckliche Folgen haben wird, wenn ich es vor der Zeit preisgebe, aber – Teufel noch mal, die Zeiten sind prekär, Freunde, und dieser primitive Planet braucht alles Licht, das seinen dunklen, abergläubischen Geist erhellen kann. Lassen Sie es mich noch einmal wiederholen, denn ich bin sicher, Sie haben es beim erstenmal noch nicht mitbekommen:

Tun Sie's jeden Tag!

Haben Sie sich jemals gefragt, warum Einstein ein so großer Physiker geworden ist? Weil er die Gleichungen und Konzepte der mathematischen Physik so sehr liebte, daß er damit «arbeitete» – beziehungsweise mit ihnen spielte und herumbastelte –, und das jeden Tag. Aus dem gleichen Grund ist Klemperer ein so großer Dirigent geworden: Er liebte Beethoven, Mozart und all die anderen so sehr, daß er jeden Tag musizierte. Darum ist auch Babe Ruth ein so großer Ballspieler geworden: Er liebte das Spiel so sehr, daß er jeden Tag spielte und trainierte.

Diese Regel erklärt ganz nebenbei auch, wie Menschen sich selbst zerstören. Wollen Sie zum Selbstmörder werden (in manchen Kreisen ist das ja schließlich Mode)? Dann üben Sie sich darin, *jeden Tag* deprimiert, besorgt und reizbar zu sein, und lassen Sie sich bloß nicht von anderen die Energie-Meditation oder dergleichen Methoden zur geistigen Veränderung unterjubeln. Wollen Sie ins Gefängnis kommen, weil Sie einen Überfall mit Körperverletzung begangen haben? Dann üben Sie sich *jeden Tag* darin, stinkwütend zu werden. Wenn Sie auf Verfolgungswahn aus sind, halten Sie *jeden Tag* in Ihrer Umgebung Ausschau nach Betrug und Doppelzüngigkeit. Haben Sie den Ehrgeiz, jung zu sterben, dann greifen Sie am besten *jeden Tag* auf die Methode des Deprimiertseins, Besorgtseins und Reizbarseins zurück, doch sollten Sie sich dabei speziell darauf konzentrieren, sich jede nur erdenkliche Krankheit auszumalen und voller Sorge vorzustellen, die Sie befallen könnte.

(Sollten Sie hingegen so lange leben wollen wie George Burns, empfiehlt es sich, jeden Tag «hart daran zu arbeiten», so fröhlich und optimistisch zu sein wie er.)

Nichts ist unmöglich, wenn Sie's

JEDEN TAG TUN!

Natürlich ist die Erfolgsquote bei dieser Regel nicht unbedingt 100 Prozent. Vier oder fünf Jahrzehnte lang tagtäglich Chopin zu spielen heißt noch nicht, daß man darum so gut wird wie van

Cliburn; es führt nur dazu, daß man schließlich besser Klavier spielen kann als jeder andere in der Gegend. Sich jeden Tag Sorgen zu machen garantiert noch keine Depression mit Hospitalisierung oder einen frühen Tod, aber auf jeden Fall ist damit sichergestellt, daß man zu den drei bis vier Leuten in seiner Nachbarschaft gehören wird, denen es kreuzmiserabel geht. Wenn man zwanzig Jahre lang jeden Tag ein Sonett schreibt, ist man danach trotzdem noch nicht Shakespeare, aber wahrscheinlich doch der beste Dichter im Umkreis von 40 bis 50 Kilometern. Wer die Energie-Meditation oder ähnliche Übungen durchführt, ist nicht nach ein paar Jahren unweigerlich ein Erleuchteter oder Guru, er wird nur entschieden glücklicher und viel wahrnehmungsfähiger, kreativer und «intuitiver» sein als die meisten Leute, die man tagtäglich trifft.

Bobby Fischer, der ehemalige Schachweltmeister, soll, als er einmal mit anderen Schachgrößen zusammen war und die Rede auf den letzten Nuklearstörfall und seine bedrohlichen Folgen kam, eine Zeitlang ungeduldig zugehört haben, um dann gereizt einzuwerfen: «Was zum Teufel hat denn das mit Schach zu tun?» Nun dringe ich keineswegs in Sie, eine ebensolche Manie und Besessenheit zu entwickeln, aber diese Geschichte enthält doch eine wichtige Lehre. Fischer wurde Weltmeister, weil er so auf Schach versessen war, daß er sich weder dazu überwinden noch sich überhaupt vornehmen mußte,

es, verdammt noch mal,
jeden Tag zu tun.

WARNUNG!
DAS PRIMATENEGO WIRD BEDROHT!

Die Methode der Energie-Meditation ist zwar ein reines Vergnügen, sie ist erotisch, macht Sie «gescheiter» (insofern, als Sie mehr Details und komplexere Zusammenhänge wahrnehmen) und katapultiert Sie sogar aus dem totalen Reflexverhalten eines Säugetiers heraus in etwas, das langsam, aber sicher jenem legendären «freien Willen» nahekommt, den Sie nach christlichem Verständnis von Geburt an haben, und deshalb empfehle ich sie von ganzem Herzen – nur muß ich leider gestehen, daß bald einige Seiten in diesem Buch kommen, die Ihnen wahrscheinlich größtes Unbehagen bereiten.

Chris Hyatt ist ein unverschämter, frecher und ausgesprochen lästiger Autor. Er beschwichtigt und besänftigt den Leser nicht etwa mit der christlich-demokratischen Gesellschaftsmythologie, wir hier seien alle freie und vernünftige Leute. Er erinnert uns vielmehr alle paar Seiten wieder mit höchst ungeschminkten Worten daran, daß wir in der Mehrzahl die meiste Zeit über konditionierte Schimpansen im Käfig sind.

Lassen Sie sich davon nicht allzusehr beunruhigen.

Die Situation ist folgende: Es gibt Mechanismen, die auf verschiedenen Ebenen im Organismus aller domestizierten Primaten (Menschen) ablaufen. Zum Beispiel setzen Sie sich, wie Bucky Fuller sagen würde, nie hin und fragen sich, wie viele Haare in der nächsten Woche auf Ihrem Kopf und Körper sprießen sollen: Dabei handelt es sich nämlich um eins der Tausende von biologischen Programmen, die rein mechanisch gesteuert werden. Außer in manchen Yoga-Systemen haben Sie auch kaum Einfluß auf Ihre Atmung – sie funktioniert automatisch. Der Verdauungsapparat braucht ebenfalls nur ein Minimum an bewußter Aufmerksamkeit und Planung, es sei denn, Sie haben ein dringendes Bedürfnis und finden keine öffentliche Toilette. (Notieren Sie sich zehn weitere Programme, von denen Sie ohne Ihr Zutun am Leben erhalten werden. Seien Sie einer der 13 von Tausend, die das auch wirklich tun, bevor sie weiterlesen!)

Der Grund, warum Mystiker und manche anderen Psychologen immer das Ego «attackieren», ist der, daß das Ego der einzige mechanische Schaltkreis ist, der chronisch unter der Illusion leidet, er sei nicht-mechanisch und «frei».

Das Ego muß samt seiner Wahnvorstellungen untergraben werden – entweder durch einen offenen, schonungslosen Angriff, wie bei Gurdjieffs System und in diesem Buch, oder eher unterschwellig und langsam wie in anderen Systemen –, ehe nennenswerte Fortschritte zu verzeichnen sind in Richtung «Befreiung», «Erleuchtung», Erfahrung des «wahren Willens» im Crowleyschen Sinne oder wie immer Sie es gerne nennen wollen, wenn Sie weniger roboterhaft, dafür aber bewußter werden – weniger Computer, mehr Programmierer –, weniger die konditionierte Ratte im Labyrinth des Verhaltensforschers, mehr der Übermensch, den Sufismus und Hermetik sowie Nietzsche propagieren.

Sie brauchen gar keine Angst vor einem Angriff auf Ihr kostbares kleines Ego zu haben, und zwar vor allem deshalb nicht, weil das Ego ungezählte Möglichkeiten kennt, wieder in die gewohnte mechanische Trance zurückzufallen, wie oft Sie auch denken mögen, endlich ein für allemal erwacht zu sein. Dies ist ein weiteres Geheimnis der Illuminaten und erklärt die große Demut und den ausgeprägten Sinn für Humor aller authentischen Magier. Mit anderen Worten: Wenn Sie es beängstigend finden sollten, Ihr kostbares Primatenego jäh und für immer verlieren zu können, dann machen Sie sich darum bloß keine Sorgen – es ist genauso wahrscheinlich oder unwahrscheinlich, wie morgen am Tag der berühmteste Rockstar der Welt zu sein. Die einzige Möglichkeit, von Egomechanismen loszukommen, besteht darin, verschiedene ego-transzendierende Spiele zu erlernen und sie dann zwanzig bis vierzig Jahre oder länger

JEDEN TAG ZU SPIELEN.

Bevor Sie nicht derartig viel Zeit und Mühe daran wenden, brauchen Sie sich also keine Sorgen zu machen, daß Ihr wundervolles, kostbares, absolut herrliches Ego plötzlich verschwindet; es wird nur ein wenig verwandelt, erfährt eine «Erweiterung» seines Horizonts und eine (kleine) «Reduzierung» seiner Eingebildetheit, es wird von einigen seiner ziemlich dummen Gewohnheiten befreit und bisweilen sogar so tun, als verschwinde es, aber es kommt stets zuück, und meistens dann, wenn es am wenigsten zu gebrauchen ist. Es ist leichter, den Präsidenten der Vereinigten Staaten zu ermorden, als sein eigenes Ego umzubringen.

500 Mikrogramm (= 0,5 Milligramm) reines Sandoz-LSD werden mehr zur Zerstörung Ihres Egos tun als irgendeine der EM-Übungen dieses Buches — es sozusagen aus dem Dasein bomben. Doch selbst in diesem Fall sind die Folgen, wie Ihnen jeder alte Acid-Freak bestätigen wird, zwar sensationell, dauern aber immer nur vorübergehend an. John Lilly hat in seinem Buch *Programming and Metaprogramming in the Human Biocomputer* nach einem starken Trip mit reinem Labor-LSD geschrieben:

> Eine Zeitlang fühlt sich das Selbst frei, wie frischgewaschen. Die gewonnnene Kraft kann ungeheuer sein; die freiwerdende Energie verdoppelt sich . . . Humor in Fülle erwacht und gute Laune . . .
> Die Schönheit steigert sich, die äußere Erscheinung wird jugendlich . . .
> Diese positive Wirkung hält unter Umständen zwei bis vier

Wochen an, ehe sich die alten Programme wieder durchsetzen.

Wir sind Produkt mechanischer Genetikprogramme, mechanischer Prägungen und mechanischer Konditionierungen, wie andere Tiere auch. Die Entwicklung zur post-animalischen, nicht-mechanischen, egoüberschreitenden Freiheit beschleunigt sich oft drastisch für eine Weile mit blitzartigen Erweckungszuständen und posthumanen Perspektiven, und wie ich persönlich vermute, geschieht das vermehrt durch den Druck unseres Zeitalters der Gewalt und der zunehmenden evolutionären Veränderungen, aber letztlich wird die wahre Transzendenz über das roboterhafte Bewußtsein hinaus doch nur schrittweise im Laufe von Jahren und Jahrzehnten erreicht. (Absolute «Freiheit» von allen Mechanismen in allen Schaltkreisen erscheint mir in meiner gegenwärtigen Unwissenheit unmöglich. Ich glaube nicht, daß der Organismus überleben würde, wenn er nicht weitgehend die wie geschmiert laufende, unbewußte Maschine bliebe.)

Der bereits zuvor erwähnte E. J. Gold von der Fake Sufi School vertritt die These, daß der Versuch, die totale Transzendenz mechanischer Ego-Programme zu erreichen, ebenso absurd ist, wie wenn man «Zahnstocher zwischen die Augenlider klemmte, um sicherzugehen, auch nicht einen Augenblick lang einzuschlafen». Es gibt wohl echte biologische Gründe dafür, daß wir etwa ein Drittel unseres Lebens schlafend verbringen und einen Großteil der übrigen zwei Drittel halb eingelullt von mechanisch konditionierten Prozessen. Alle Schulen der Befreiung haben das Ziel, oft genug so voll und ganz zu erwachen, daß man außerhalb der Schlafzustände und Konditionierungen des Egos neue Horizonte wahrzunehmen vermag.

WAS «IST» DAS ALLES?

Der große Dubliner Wissenschaftler und Philosoph de Selby nahm einmal ein Einmachglas und füllte es mit lauter Dreck und Abfall, den er im Haus finden konnte. Die Flusen, die sich auf Teppichen sammeln, Staub von Bücherregalen, verbogene Büroklammmern, kaputte Heftzwecken, Dreck aus dem Badewannenabfluß, Krusten vom Herd, obskure Scherben vor langer Zeit zerbrochener, vergessener Gipsfiguren, archäologische Fundstücke aus dem Keller, verschiedene Kleinteile aus dem Mülleimer, mit unergründlichen Telefonnummern bekritzelte Streichholzschachtelreste, ja sogar Nabelflusen, alles wanderte in das Glas. Die Arbeit nahm etliche Wochen in Anspruch, und als sie beendet war, konnte selbst de Selby nicht mehr genau sagen, was im einzelnen darin war. Dann wählte er von den Passagieren der Dun-Laoghaire-Fähre einen statistischen Querschnitt von 123 Dublinern und 246 Besuchern aus England und vom Festland aus und bat jeden von ihnen, den Inhalt des Glases zu erraten.

77,6 Prozent der Versuchspersonen antworteten sofort: «Oh, ich weiß, das ist . . .» und stellten eine abenteuerliche Vermutung an. (Die häufigste, von 54,3 Prozent der Befragten gegebene Antwort lautete, es «sei» das Zeug, das in pakistanischen Restaurants in die Currysauce gemischt werde. Oft hieß es auch, es «sei» Uranerz, Holzleim oder Baumrinde.)

Von den 24,4 Prozent, die nicht rieten, was es «war», fragten 83,5 Prozent gleich nach dem Weg zum Clontarf-Castle und hatten offenbar gar keine Zeit zum Raten, weil sie sich beeilen mußten, die abendliche Musikshow noch mitzubekommen.

De Selby schloß daraus, daß die meisten Europäer in diesem Stadium der Evolution überzeugt sind, alles und jedes könne sinnvoll mit einem einzigen Satz der folgenden Art beschrieben werden: «Das ist ein Dingsbums.»

Ich glaube aus Erfahrung, eine Umfrage gleicher Art in Amerika würde ähnliche Ergebnisse zeitigen. Uns allen spukt noch immer der Geist von Aristoteles im Kopf herum, diesem Kerl, der als erster das ganze Universum in Sätzen und Permutationen zu beschreiben und zu erklären versuchte von der Art wie: *Dies ist ein Y, alle Z sind gleich Y, manche Y sind gleich X, darum sind manche Z gleich X.* Die Mehrzahl der Menschen, besonders Politiker und Kleriker, sind weiterhin fest davon überzeugt, daß alles und jedes auf aristotelische Weise sinnvoll beschrieben werden kann — oder, wie Ernest Fenollosa einmal gesagt hat: Die abendländische Kultur meint, der Satz «Ein ringelschwänziger Pavian ist keine gesetzgebende Versammlung» sei eine der zwei Formen sinnvoller Aussagen (die andere wäre «Der Kongreß der Vereinigten Staaten und das englische Parlament sind gesetzgebende Versammlungen»).

Vom Standpunkt der heutigen Wissenschaft aus, also etwa für 1980 bis 1987, stimmt zweierlei nicht mit dieser aristotelischen Logik. Zum ersten werden wissenschaftliche Modelle nicht in dieser Gleichungsform *(A gleich B)* ausgedrückt, sondern durch die funktionale Sprache der Beziehungen *(wenn*

A sich um das Maß X in irgendeiner Dimension bewegt, bewegt B sich um das Maß Y in irgendeiner anderen Dimension). Diese Form der funktionalen Aussage läßt wissenschaftliche Voraussagen zu, die durch Erfahrung und Experiment entweder teilweise erhärtet oder total widerlegt werden. Die aristotelische Form der Gleichsetzungs-Sätze führt nur zu Wortstreitereien.

Zum zweiten ist gegen die aristotelische Aussage *A gleich B* einzuwenden, daß sie im Grunde durch die Neurologie und Versuche mit entsprechenden Geräten ad absurdum geführt worden ist. Neurologisch ist überhaupt nicht festzustellen, was A «ist», sondern nur, wie es unseren Sinnen und unserem Gehirn erscheint. Die Sinne erfassen einige (nicht alle) Signale des Raum-Zeit-Ereignisses, und das Gehirn verarbeitet und ordnet diese Signale zu einer vertrauten *Gestalt.* (Genauso haben offenbar de Selbys Versuchspersonen den Dreck im Glas zu Currysauce oder Uranerz verarbeitet und geordnet.) Auch unsere Geräte und Meßinstrumente nehmen eine derartige Verarbeitung vor. Ein spezielles Gerät sagt nichts darüber aus, was A «ist», sondern gibt nur an, welche Art von Signalen es (das Gerät) messen kann. Ein Voltmeter sagt nichts über die Temperatur von A aus, ein Thermometer nichts über die Größe von A, ein Lineal oder eine Waage nichts über die Molekülstruktur von A usw. – jedes Gerät bringt seine eigene Auslegung, seinen eigenen *engen Wirklichkeitsausschnitt,* seine «Tunnelrealität», ins Spiel, ebenso wie unsere inneren «Geräte» (Gehirn und Sinnesorgane) sich eine Auslegung bzw. eine eigene Tunnelrealität erschaffen. Genaugenommen sollten wir nie sagen: «Das <ist> ein A», sondern lieber: «Das paßt offensichtlich in die Kategorie A meines Auslegungssystems bzw. in den Wirklichkeitsbereich dieses Gerätes.»

Klingt das pedantisch oder wie unnötige Haarspalterei? Denken Sie nur einmal an das menschliche Elend und die sozialen Katastrophen, die zu verschiedenen Zeiten und an verschiedenen Orten durch solche Feststellungen wie: «Frau Müller ist eine Hexe», «Herr Schmitz ist homosexuell», «Herr Goldberg ist Jude», «dieses Buch ist ketzerisch», «dieses Gemälde oder Foto ist Pornographie» hervorgerufen worden sind. Wenn Sie tief genug darüber nachdenken, muß Ihnen eigentlich aufgehen, daß die katholischen Hexenjagden, die stockdumme Zensur, Hitlers Vernichtungslager und ähnliche historische Greuel nie geschehen wären, wenn wir kein Wort für «ist» in unserer Sprache hätten oder nie vergessen würden, daß «ist» immer nur Gleichnischarakter hat. Die Schuldgefühle und «chronischen Alarmsignale» (wie Fritz Perls es nennt), die Sie davon abhalten, Ihre Möglichkeiten voll auszuschöpfen, können meist größtenteils auf irgendeinen Satz von der Art «ich bin ein B» zurückgeführt werden, wobei B annähernd gleich «nichtswürdiger Scheißkerl» ist. Dieser Satz hat sich Ihnen eingeprägt, als sie noch sehr jung waren, und vielleicht denken Sie nicht mehr bewußt daran, aber wenn Sie mit Ihrem Leben generell unzufrieden sind, steckt irgendwo in Ihrem Gehirn eine solche Feststellung.

Selbst Ist-Sätze, die scheinbar Tatsachen wiedergeben, bergen auf Grund der mechanisch konditionierten Bewußtseinsebene der meisten Menschen auf dieser Erde und zu diesem Zeitpunkt Gefahren in sich. «Er ist homosexuell» mag in einer Encounter-Gruppe oder auf einer San-Francisco-Cocktail-Party eine durchaus harmlose Feststellung sein, aber in den besonders frommen Gegenden der amerikanischen Südstaaten wird mit «homosexuell» unweigerlich die «Sünde» verknüpft, eine besonders schändliche «Sünde», und häufig genug ist Gewalt, ja sogar Mord die Folge dieser einfachen Ist-Feststellung; «Jude» ist im Grunde eine neutrale Bezeichnung für einen Menschen, der sich zu einer der drei Hauptreligionen des Westens bekennt, während das Wort im Nazi-Deutschland jemanden bezeichnete, der einzusperren, zu Fronarbeit zu zwingen und schließlich hinzurichten war.

Vor kurzem habe ich in einer Science-fiction-Fan-Zeitschrift gelesen: «Die Iren sind wirklich ekelhaft.» Ganz unabhängig von meinen mechanisch bedingten eigenen Vorurteilen (denen eines Menschen teilweise irischer Abstammung, der mit Vorliebe in Irland weilt) finde ich besonders faszinierend an dieser Ist-Feststellung, daß sie in einer Publikation erschien, in der man sonst nie derartige semantisch gleichartige Behauptungen finden würde wie etwa: «Juden sind wirklich Untermenschen» oder: «Frauen sind weniger wert als Männer.»

Um Herrn G. nochmals zu zitieren: «Was zeigt das? Es zeigt, daß die meisten Menschen schlafwandeln und nur träumen, sie seien wach.» Das heißt, gewisse berüchtigte historische Formen rassischer oder sexueller Klischees sind aus der Mode gekommen und in «gebildeten» Kreisen buchstäblich tabu, während die konditionierte Reaktion auf solche Klischees unterschwellig weiterbesteht – *die Maschine schläft noch immer*, wie Gurdjieff sagen würde, so daß Leute, die einerseits keine Juden abstempeln würden, andererseits keinen Widerspruch darin sehen, eine Klischeevorstellung von Iren, Polen oder anderen Volksgruppen zu haben. In diesem mechanischen oder primitiven Evolutionsstadium ist das kaum zu verwundern.

Was mich auch noch (manchmal) in Erstaunen versetzt, sind die Leute, die diese Mechanismen bei anderen erkennen können, gegenüber ihren eigenen mechanischen Reaktionen jedoch mit glückseliger Blindheit geschlagen sind.

Um die Energie-Meditation verstehen und gleichzeitig die Bedeutung dessen erfassen zu können, was ich eben über die aristotelische Tradition gesagt habe, empfiehlt es sich, wichtige Hauptworte mit mathematischen Indizes zu versehen, wie der Semantiker Alfred Korzybski dringend angeraten hat. Zum Beispiel entspricht der Nazi-Mentalität eine Formel etwa der folgenden Art:

$$Jude_1 = Jude_2 = Jude_3 = Jude_4 \text{ usw.}$$

Nun läuft das auf jeden Fall der gefühls- und sinnesmäßigen Raum-Zeit-Erfahrung zuwider. Nach der gefühls- und sinnesmäßigen Raum-Zeit-Erfahrung – die wir gemeinhin «Wirklichkeit» nennen, sofern wir nicht durch Philosophiekurse geschädigt sind – ist jeder Jude, den wir kennenlernen, ein spezifisches Ereignis im Raum-Zeit-Kontinuum. Der erste ist vielleicht ein Dichter, der zweite eine Schauspielerin, der dritte ein Kaufmann usw., wenn wir diese Gruppe nach Berufskategorien ordnen. Nach dem äußeren Erscheinungsbild eingestuft, sieht der erste unter Umständen so gut aus wie Paul Newman, der zweite so häßlich wie Edward G. Robinson, der dritte so süß wie Barbra Streisand usw. Auch wenn man andere Raster anlegt, treten doch Unterschiede zutage, ebenso wie eine Eiche nicht zwei Blätter hat, die einander aufs Haar gleichen.

Bitte nicht gleich wieder einschlafen! Bleiben Sie noch dran! Wir halten keine Moralpredigt über das Thema «Toleranz» wie in einem Hollywood-Film der fünfziger Jahre. Wir nehmen nur den Antisemitismus als Beispiel für geistige Mechanismen, das zahllose andere geistige Mechanismen erhellt, die Sie bei sich selbst erkennen müssen, wenn die Energie-Meditation Ihnen etwas bringen soll.

Zu Anfang habe ich beispielsweise, um Sie zu schockieren, ein paar kritische Bemerkungen über das Christentum und die Demokratie fallenlassen. Würden Sie daraus schließen, daß ich alle Aspekte der christlich-demokratischen Gesellschaft ablehne, läge Ihrem Urteil irgendwo ein «Gleichsetzungs»-Mechanismus zugrunde. In Wirklichkeit lebe ich viel lieber in christlich-demokratischen Staaten mit all ihren Fehlern als in fundamental-moslemischen oder buddhistischen Staaten, und ich würde mich lieber von einem Nashorn aufspießen lassen, als in einem marxistischen Staat zu leben versuchen. Bei faschistischen Staaten würde es wohl kaum eine Rolle spielen, was ich zu tun versuche, denn ich vermute, dort würde ich ohnehin nach wenigen Monaten, wenn nicht schon in der ersten Woche, erschossen.

Wenn die Nazi-Mentalität so tut, «als ob» $Jude_n = Jude_k$ oder ein beliebiger Jude jedem andern beliebigen Juden «gleich» sei, so tun Leute, die geistig viel anspruchsvoller wirken, so, «als ob» irgendein SF-Roman = irgendeinem anderen SF-Roman sei (die Literaturkritiker des *Time*-Magazins haben offenbar diesen mechanisch konditionierten Reflex) oder «das Fernsehen ganz abgeschafft werden sollte» (zu diesem Thema ist kürzlich ein Buch erschienen, dessen Verfasser anscheinend ernstlich dem faschistischen Wahn verfallen ist, es sei $TV\text{-}Show_n = TV\text{-}Show_k$) oder jeder Polizist sei = jedem anderen Polizisten oder jede Imbißstube sei ebenso «schlecht» wie jede andere Imbißstube usw. *Mechanische Reaktionen sind die statistische Norm* ; die vollbewußte Aufmerksamkeit ist eine Seltenheit. (Darum hat ein Zen-Meister auf die Frage, was Zen «ist», stets geantwortet: «Aufgepaßt!») Unser Ausgangspunkt war die Kritik an der christlichen, demokratischen Auffassung, und nun haben wir einen Kreis dorthin zurück beschrieben und sehen jetzt vielleicht klarer, was die mechanische A=B-Hypnose uns antut. Wir haben Beispiele für die Unterschiede zwischen Elementen der «gleichen» Gruppe aufgestellt, aber kein Element bleibt im Lauf der Zeit unverändert. Betrachten Sie einmal sich selbst als das Element X der Gruppe «Mensch». Ganz bestimmt ist

$$X_{1986} \text{ nicht gleich } X_{1976}$$

Sie haben sich in den letzten zehn Jahren ziemlich stark verändert, oder ? Wenn die Leute nicht daran gewöhnt wären, Sie immer beim gleichen Namen zu rufen, würden Sie unter Umständen nicht «glauben» wollen, daß Ihr heutiges Ich in gewissem Sinne «wirklich» das Ich von 1976 «ist». Könnten Sie Ihren Namen auch nur eine kurze Zeitlang vergessen, würde sich das Gebilde oder, genauer gesagt, das Raum-Zeit-Ereignis «Sie» sichtbar verändern, manchmal schneller, manchmal langsamer, das ganze Jahrzehnt hindurch. Wenn Sie über zwanzig sind, werden Sie die Behauptung, Sie von 1986 «seien wirklich» Sie von 1966, doch völlig absurd finden . . .

Denken Sie einmal ernsthaft darüber nach. Es wäre eine verdammt gute Idee, jetzt gleich eine Liste der zehn wesentlichsten Veränderungen aufzustellen, die «Sie» seit 1966 erlebt haben, und weiterer zehn seit 1976. Ist es zuviel Aufwand, Papier und Stift zu holen? Nun, dann machen Sie wenigstens im Geiste eine Aufstellung. Können Sie sich darüber hinaus vergegenwärtigen, wie Sie um 1966 aussahen und wie Sie sich gekleidet haben? Denken Sie bitte scharf nach, welche Veränderungen «Sie» im Laufe von 20 Jahren noch erfahren haben.

Damit Sie verstehen, was dieses Buch für Sie tun kann, sollten Sie jetzt versuchen, das, was Sie sich gerade bewußt gemacht haben, auf eine kleinere Zeitspanne zu übertragen. Ist es möglich, daß *Sie von letzter Woche* in jeder Hinsicht «wirklich» *Sie von dieser Woche* «sind»? Möglich erscheint es schon, aber es stimmt nicht unbedingt, es sei denn, Sie sind gestorben und in Formaldehyd eingelegt worden.

Denken Sie wirklich einmal an die Veränderungen Ihres «Sie» in einer Woche nach. Wie viele Veränderungen hätten noch in dieser auftreten können, wenn Sie sich nicht der Illusion hingegeben hätten, ein fertiges Produkt zu sein, statt ein in Entwicklung begriffenes Werk?

Bleiben Sie am Ball. Überlegen Sie sich mit allem Ernst, ob es wirklich total stimmt, daß *Sie von gestern* tatsächlich *Sie von heute* sind.

Wenn Sie endlich merken, daß *Sie vor einer Sekunde* nicht genau *Sie hier und jetzt* sind, dann fangen Sie an zu begreifen, was Ihnen Christopher Hyatt in diesem Buch anbietet und wie Sie davon *Gebrauch machen* können.

Howth, Irland
17. November 1986

EINLEITUNG
von *Israel Regardie*

Meditationssysteme kommen und gehen – – seit undenklichen Zeiten. Doch irgendwie ist die Meditation heute populärer denn je und wird, wie ich mir einbilde, von mehr Leuten geübt als je zuvor in der Weltgeschichte. Ich möchte behaupten, daß das weitgehend an der von Aldous Huxley mit seinem Buch *Die Pforten der Wahrnehmung* eingeleiteten psychedelischen Bewegung und an der phantastischen Pionierarbeit **Timothy Learys** liegt. Die Nachwelt wird sicher besser zu schätzen wissen als wir, was er für diese Erde geleistet hat.

Meditation ist Meditation. Aber es gibt unzählige Methoden, um die richtigen Ergebnisse zu erzielen. Eine der dynamischsten, die in den letzten Jahren aufgekommen sind, ist nicht etwa die Transzendentale Meditation (TM) eines gewissen grinsenden, kichernden affengesichtigen Gurus, auch wenn sie vielleicht die bekannteste ist, sondern die sogenannte chaotische Meditation von Bhagwan Shree Rajneesh. Sie hat die größte Ähnlichkeit mit der vitalen, kraftvollen Methode, die unser Autor Christopher S. Hyatt vertritt. Seine Methode ist wahrhaftig ohne Zweifel bei weitem die beste, auf die ich in den vielen Jahren meiner Beschäftigung mit Psychotherapie und Okkultismus gestoßen bin.

Wie Alan Watts einmal dargelegt hat, ist die westliche Psychotherapie grundsätzlich metaphysisch – das heißt, sie ist im wesentlichen begrifflich und verbal. Die östliche «Psychotherapie» hingegen ist realitäts- und körperbezogener – man denke nur an den Yoga mit all seinen Aspekten und Ausformungen. In dieser Hinsicht ist die letztere ganzheitlicher als die metaphysische Denkweise des Westens (ein ungewöhnlicher und unerwarteter Gegensatz, den Alan Watts als erster aufgezeigt hat). Christopher Hyatts Methode kommt diesem Modell am nächsten.

Christopher Hyatt hat sowohl klassische Psychologie als auch Reichsche Therapie praktiziert und sich darüber hinaus 20 Jahre lang mit Okkultismus befaßt. Seine jahrelangen klinischen Erfahrungen hat er auf raffinierte, ja schockierende Weise auf den Punkt gebracht. Voller Scharfsinn, Humor und Durchblick hat er ferner das Grundelement der Zen-Meditation herausgefiltert. Das Ergebnis ist eine Meditationstechnik, die unvergleichlich ist. Selbst die Aufmachung des Buches spiegelt die Ausrichtung auf das Große Werk wider. So kann es durchweg all denen empfohlen werden, die bereits alle anderen Meditationsmethoden ausprobiert und für mangelhaft befunden haben; sie werden ihre Mißerfolge durch diesen außerordentlich dynamischen Übungsansatz wettmachen und überwinden können.

Ich stehe mit Begeisterung und rückhaltlos hinter dieser Methode. Sie ist eine aufregende Entdeckung, die mich mit höchster Bewunderung erfüllt.

Die EM (= Energie-Meditation) dürfte sich als die Lösung erweisen für Tausende von frustrierten Menschen und für diejenigen, die mit anderen Methoden nicht weitergekommen sind. Allerdings sei der Leser gewarnt: Er sollte dieses Buch nicht ernst nehmen, sofern er sich nicht wirklich ändern will.

Israel Regardie
IRGENDWO SICH VERGNÜGEND
11. März 1982

GIBT ES IRGEND ETWAS NEUES UNTER DER SONNE?

Oder: Schlüssel zum Verständnis dieses Buches

von Christopher S. Hyatt
und Peter von Gundlach

Die erste Auflage dieses Buches war in den Vereinigten Staaten bereits 1984, zwei Jahre nach Erscheinen, ausverkauft. Eine Zeitlang konnte ich mich nicht zu einer Neuauflage entschließen, denn ich befand mich in einem moralischen Zwiespalt, was die Botschaft des Buches betrifft.

Schon früh waren auch israelische und deutsche Verlage an den Übersetzungsrechten interessiert, um nach eingehenderen Leseproben erst einmal davon Abstand zu nehmen. Das hat mit dazu beigetragen, meine Einwilligung zur Neuauflage hinauszuzögern.

Viele gute Freunde und Bekannte haben mir Vorschläge gemacht, wie ich zu der an diesem Buch geäußerten Kritik Stellung nehmen könnte. Ich habe mir das alles angehört und bis zum richtigen Augenblick gewartet – nämlich bis jetzt –, um sowohl den Angriffen wie auch den Komplimenten entgegnen zu können.

Der erste Tiefschlag kam, wie nicht anders zu erwarten, aus den Kreisen der Intellektuellen. Sie bekundeten regelrechten Abscheu, daß ein solches Werk überhaupt verlegt werden konnte. Im einzelnen fanden sie das Buch «erschreckend» irrelevant und zudem absolut «dumm».

Was sie erschreckend fanden, waren die «irrelevanten» Abbildungen, der «provokative, kalte» Schreibstil und der «dumme» Inhalt. Manche dieser Kritiker empfanden lediglich

31

Mitleid mit dem Autor, weil sie ihn für «ziemlich» ungebildet hielten. Andere waren entsetzt, als sie erfuhren, daß er drei hohe akademische Grade besaß und sich auf einen vierten vorbereitete. Wieder andere meinten, die Meditationstechnik («wahrscheinlich das einzig Brauchbare») sollte für sich veröffentlicht und der Rest irgendwo weit weg vergraben werden.

Ich ließ mir das alles durch den Kopf gehen und sagte: «Nein!» Dann fragte ich mich, was denn so schrecklich sein könnte an diesem Buch. Ich kam zu dem Schluß, daß es offenbar den Prozeß angegriffen hatte, durch den der biologische Imperativ (des Nistens, Verdauens und Verstopfens, genauer gesagt des Wohnens, Essens und Kinderproduzierens) gelenkt wird, und die Heuchelei bloßgestellt hatte, die darin liegt, daß der Verstand etwas anderes sagt, als der Körper tut. Das heißt, es stellte den sogenannten Idealismus in Frage, jene scheinheilige Trennungslinie zwischen Idee und Aktion, ja noch gravierender: Es erhob die Biologie über die Kultur.

Wie schon aus dem Titel *Ent-wickle dich!* hervorgeht, handelt es sich bei diesem Buch um ein Handbuch zur Emanzipation und nicht etwa um eine Ideensammlung, an der sich blasierte Dilettanten ergötzen sollten. Die Kritiker, die von einem System profitieren, das sie billigen, schützen und unterstützen und das, wie sie selbst zugeben, nur auf Grund sozialer Ungerechtigkeit besteht, verdammen es zugleich in Wort und Schrift, während sie in glücklicher Unschuld seine Früchte genießen. Sie sind die lautstärksten Gegner dieses Buches. Warum?

Die Antwort ist denkbar einfach. Das Buch handelt von etwas Psycho-Sozio-Biologischem (genauer gesagt von einer spirituellen Biologie), ein Thema, das den meisten Intellektuellen und den Menschen zuwider ist, denn es legt die schizoiden Grundlagen ihrer Einstellung zur Wirklichkeit bloß. Ja, eigentlich handelt es sich um einen Text über die Grundmotivation der menschlichen Existenz auf dieser Erde. Mit anderen Worten: Es geht in diesem Buch um das biologische Überleben des Menschen und dessen sichtbarste Folge – den Gen-Klassen-Kampf. Es geht um Macht und Freiheit, etwas, nach dem wir uns alle sehnen, und um die Lügen und «Stories» derer, die die Wahrheit für sich gepachtet zu haben glauben, wie dieser bio-spirituelle Imperativ erfolgreich, gewinnbringend und «anständig» genutzt werden sollte. Wie aber kommt es zu diesem selbstbetrügerischen Fehlverhalten?

32   Und vor allem: durch WEN?

DER MALADAPTIONS-TRUGSCHLUSS

Wer oder was steckt dahinter?

Der zu Fehlanpassung und Fehlverhalten führende Denkfehler, der sogenannte Maladaptions-Trugschluß, hängt mit der Annahme zusammen, daß die menschliche Natur ihrem Wesen nach mangelhaft ist. Was bedeutet das? Der schlecht programmierte Mensch ist durch Jahrtausende der Selbstbetrachtung zu dem Schluß gekommen, daß das, was der Beobachter beobachtet (der Mensch), im Grunde nichts taugt. Das ist die Anklage – der moralische Vorwurf. Nach Meinung der Anhänger dieses Schuldspruchs ist das Verhalten des Menschen der beste Beweis dafür – Kriege, Ungehorsam gegenüber Gott, Klassenkampf und eine ganze Palette ähnlicher Dummheiten. Andererseits flüstert die leise Stimme der Verteidigung, der Mensch habe aber auch zu seinem eigenen Besten mit dem evolutionären Imperativ kooperiert. Beispiele dafür sind Wohltätigkeit, Medizin, Wissenschaft, Heldenhaftigkeit usw. Aber gleichgültig, welche der beiden tunnelhaft verengten Ansichten der Realität auch gewählt wird, letztlich sind beide ungeeignet, da die Grundannahme lautet, der Mensch sei ein fertiges Produkt. Beide Seiten übersehen einfach, daß der Mensch lediglich das Ergebnis eines großen bio-spirituellen Experiments mit Versuch und Irrtum ist. Das Problem liegt in der Tatsache begründet, daß das Ergebnis des Experiments eine Kultur ist, die sich für unfehlbarer hält als ihre Grundlage, die Biologie.

DIE RELATIVITÄT DES MENSCHEN

Die letzten hundert Jahre haben uns die Relativitätstheorie beschert – die paradoxerweise als etwas Absolutes aufgefaßt und angewandt wird. Die Relativitätstheorie mag ja in der Physik und anderen Naturwissenschaften Wunder gewirkt haben, aber ansonsten ist sie fast überall mißbraucht worden. Die Leute berufen sich auf Einstein als absolute Autorität, um ihre dümmsten Theorien und faktischen Irrtümer zu verteidigen. Ihre Logik, wenn davon überhaupt die Rede sein kann, zeigt der folgende Gedankengang: «Ich berufe mich auf die Relativitätstheorie von Einstein und auf dessen Autorität, um zu beweisen, daß mein Sachverstand (und meine Ideen) genausoviel Gültigkeit haben wie der anderer.» Die meisten haben noch nie gehört, daß man Theorien im Labor überprüft. Dieser Un-Sinn tritt an die Stelle von Gelehrsamkeit und Mühe. Allerdings hat dieser Prozeß auch sein Gutes, denn er spiegelt ein Rebellieren gegen blinde Autoritätsgläubigkeit wider, gegen die Autorität um der Autorität willen. Leider rechtfertigen die Rebellen oft den Bedarf an noch «mehr» irrationaler Autorität, denn ihren Meinungen ermangelt es oft an dem Zeug, aus dem Planeten gemacht sind – sie wollen einfach nur der Boss sein. Ich glaube, Einstein wäre total entsetzt angesichts des Mißbrauchs, der sowohl in den sanften Wissenschaften wie auch im Okkultismus mit seinen Ideen getrieben wird. Alle Meinungen sind eben nicht gleich. Alle Tunnelrealitäten sind nicht gleich, denn Gleichheit würde unsere notwendige Verschiedenheit überflüssig machen.

Ideen sollten als Arbeitshypothesen für Beweis und Gegenbeweis dienen, der Annäherung an die Wahrheit durch Experimente ohne Behinderung durch rein kulturell bedingte Konventionen durchführen zu können.

Mit zunehmendem Wissen geht unser Bedürfnis, die offensichtliche Ungerechtigkeit der Schöpfung mit blumigen Ideen und Begriffen zu kaschieren, in eine spirituelle Biologie über, die grundverschieden ist von den normalen Platitüden derer, die der Wahrheit nicht ins Auge blicken wollen. Der Verfasser des vorliegenden Buches macht sich zwar auch der Phrasendrescherei schuldig, aber er ist ungeheuer stolz auf die Tatsache, daß er gelegentlich wahrnimmt, wie seine rechte Hand ihm Sand ins linke Auge streut.

DER TOD IST BESIEGT! NA UND?

(Mein Herr, in welcher Zeitung haben Sie das gelesen?)
(Hör'n Sie mal! Das hab ich nicht gelesen – ich habe es erdacht! Sind Gedanken nicht wirklich?)
(Antwort! Es kommt darauf an, wer da denkt und wie befähigt er ist, es Wirklichkeit werden zu lassen.)
FUTANTE MUTANTEN MÖGEN REALISIERBARE IDEEN!

Was ist, wenn der Tod besiegt ist? Warum stelle ich diese Frage an dieser Stelle meines Vortrags? Her mit der Antwort! Die meisten Phrasen dreschen wir aus dem Gefühl der eigenen Vergänglichkeit heraus. Wir geben einleuchtende Erklärungen über uns selbst ab und gebrauchen dabei Worte wie Karma, Reinkarnation usw., und ich für meinen Teil (und mein Leben) finde, die Zeit wäre besser im Labor des Lebens bei der Suche nach Ergebnissen zugebracht. Mit anderen Worten: Soll Gott sich doch um seine Experimente kümmern und Sie sich um die Ihren! Theorien darüber, was Gott tut und warum, sind nichts anderes als ein heißer Wickel, der durch unsere frustrierende Unfähigkeit aufgeheizt wird, unser gegenwärtiges Schicksal zu akzeptieren – FRUSTRATION & TOD!

Um diesen Konflikt zu lösen, brauchen Sie nur Ihre Rolle in diesem Drama auszumachen und zu erfüllen. Das heißt, Sie müssen Ihren wahren Willen erkennen und ihm bis zum Ende gehorchen. Kampf heißt die Devise im Leben. Aber verzweifeln Sie nicht bei diesem Wort, denn aus dieser scheinbar nie endenden Frustrationsparade geht schließlich der wahre Mensch als Held hervor. Auch wenn manche vielleicht anders denken, aber Nachlassen im Kampf bedeutet den Tod. Buddha hat gesagt: «Was dich nicht umbringt, macht dich stark.» Hat er das gesagt?

Warum, glauben Sie, steht der Mensch ständig vor neuen Problemen? Der Mensch ist dauernd um Problemlösungen bemüht, das ist die Luft, die er zum Atmen braucht, seine Heiligkeit, wenn Sie so wollen. Kein anderes Tier befindet sich in einem solchen Zustand anhaltender Unzufriedenheit wie der Mensch trotz der Vielzahl und Größe seiner Errungenschaften. Dieser Prozeß kennt gottlob keinen Stillstand, keine Utopie, denn dann wäre es ein für allemal aus und vorbei. Immer wartet eine Herausforderung, sie ist in unsere DNS, unsere Biologie, eingebaut. Selbst Buddha kämpfte darum, das Kämpfen zu beenden, und als er soweit war, nahm er den Kampf wieder auf, um die Welt zu erleuchten.

Auch wenn der Tod besiegt ist, brauchen wir noch den Kampf, denn selbst unsere Hoffnung, vom Kampf erlöst zu werden, ist ein Kampf (es verstört mich oft, daß viele Schriftsteller einfach vergessen, daß der Begriff sich selbst einschließt). Steckt zum Beispiel hinter der Idee einer tunnelartig verengten Realität eine Tunnelrealität oder eine Metatunnelrealität usw.? Einen Prozeß oder etwas anderes mit einem Etikett zu versehen, befreit einen nicht von dessen Wirkung.

Wir stehen alle in der vordersten Front von Leben und Tod. Nehmen Sie es verdammt ernst, denn es geschieht gerade jetzt vor und in Ihnen. Aber vergessen Sie nicht zu lachen, sonst verpassen Sie die Pointe.

TEIL I
DIE SPEZIFISCHEN DATEN

Fangen wir mit dem Nisten (Wohnen) an. Ein Lebensraum, ein Obdach, ist unter allen Umständen eine biologische Grundbedingung, sei es ein Haus, eine Höhle, ein Baum oder ein Flecken Erde. Ein Obdach braucht Platz. Der Platz oder Raum für das Obdach beansprucht ein bestimmtes Territorium. Die biologische Grundbedingung «Obdach» macht also ein Territorium oder ein «Revier» erforderlich. Da der Raum am Körper beginnt, ist die Ausweitung des Raums, die durch Obdach und Revier symbolisiert wird, zugleich eine Erweiterung des Körpers, mit der auch das Tastvermögen zu tun hat – die Wahrnehmungen von Hitze und Kälte, Nässe und Trockenheit, Privatsphäre und Öffentlichkeit, mit anderen Worten: Schmerz und Freude. Die Haut bildet die psychophysische Grenze zwischen dem persönlichen und dem öffentlichen Selbst. Die Haut ist sozusagen die Sinnesmembrane, durch die wir wissen, wer, was und wo wir sind und was wir tun. Der Körper, die Haut, repräsentiert sowohl unsere Individualität, an der wir sehr hängen, als auch unsere Verletzlichkeit, die wir verabscheuen.

In irgendeiner Form der Außenwelt ausgesetzt zu sein, stellt also immer eine Bedrohung dar, sei es räumlich oder psychologisch. Das heißt, wir haben immer Angst voreinander.

Solange unsere Biologie uns zum Überleben antreibt, ist unser grundlegender Handlungsmodus die Angst. Man sorgt jedoch absichtlich dafür, daß wir uns dessen nicht bewußt werden, sagt uns, unsere Ängste seien unnormal. Dabei sind unsere Ängste das Normalste an uns, liefern sie doch den Treibstoff und den Motor zum Aufbau von Gesellschaft und Kultur. Wir sind angewiesen worden, unsere Biologie zu verwerfen, insbesondere von denen, die zu ihrer eigenen biologischen Sicherheit ein größeres Territorium beanspruchen. («Die Paranoia macht dich kaputt.»)

Die Gesellschaft ist so strukturiert, daß sie sich das Produkt von Fehlanpassung und Fehlverhalten zunutze machen und es ausbeuten kann.

Der «Maladaptions-Trugschluß» beruht auf der Annahme, daß der Mensch fehlerhaft und schlecht ist. Zur Korrektur unserer «Pathologie» haben wir das Militär, die Polizei, Psychologen, Soziologen, Universitätsprofessoren, Ärzte, Priester, Politiker und dergleichen, die nur das eine Ziel haben, uns zu produktiven Beschäftigten zu machen, und die uns gestatten,

Besitztümer anzuhäufen, die durch Gewalttaten und Kriege wieder umverteilt werden.

Die «Erbsünde» ist demnach nichts anderes als die «Urlüge». Auf Anraten der DNS-Schlange, in den Apfel vom Baum der Erkenntnis zu beißen, bot dem Menschen *die* Gelegenheit, seine wahre Natur zu akzeptieren – die des Experimentators. Die historische Fehlinterpretation, das sei als Fluch für die Spiritualität zu verstehen, war die erste große Lüge, die unseren göttlichen oder wahren Daseinszweck untergrub. Sie beschleunigt unsere Vertreibung aus unserem Geburtsterritorium, dem Garten Eden – unserer hauseigenen Biologie. Was immer das Niedere in uns genannt wurde, ist also in Wirklichkeit das Erhabene. Nicht unsere Territorialität oder Biologie ist die Ursache unseres Elends, sondern ihre Ablehnung und Verleugnung, aus der heraus sie pervertiert wird und gefährliche Ausdrucksformen annimmt. Die Gründerväter von Amerika – eine «okkulte Gruppe» – waren sich dessen zutiefst bewußt und traten für die Tolerierung dieser unserer ursprünglichsten und elementarsten Veranlagungen ein.

Was als unsere animalische Natur abgestempelt wurde, ist in Wahrheit das Bild Gottes, nach dem wir erschaffen worden sind. Unser natürliches Bedürfnis nach Angst und Schrecken hat in seiner Verkehrung nicht nur Krieg heraufbeschworen, sondern auch alle großen und kleinen Annehmlichkeiten des Lebens herbeigeführt – medizinische und technische Errungenschaften vom Penicillin bis hin zur Raumfahrt. Diese Erfindungen sollen uns helfen, das Nisten, das Verdauen und die Vermehrung zu verbessern.

Die Angst ist folglich eine normale biologische Notwendigkeit. Angst hängt stets mit dem Territorium zusammen (unserem Platz in Raum und Zeit). Es ist überaus wichtig, sich einmal klarzumachen, daß die Gesamtzahl der Patienten in psychiatrischen Kliniken ihren niedrigsten Stand in der Übergangszeit von Frieden zu Krieg und von Krieg zu Frieden hat. Demnach verursacht die Territorialangst bei Territoriumsverschiebungen weniger psychische Störungen. Hingegen gibt es mehr psychiatrische Störungen in einer Zeit ohne territoriale Veränderungen, genauer gesagt in einer Zeit angstbedingter territorialer Stagnation.

Das Verlangen nach einem Territorium und die Sorge darum ist ein ursprüngliches, funktionelles biologisches Bedürfnis, das in das neuro-genetische System fest einprogrammiert ist. Die Kanalisierung dieses Bedürfnisses, sein Ausdruck, ist die

Aufgabe der Kultur, und diese ist damit nichts anderes als ein Wechselspiel zwischen Biologie und Geographie, eine bio-kulturelle Feedback-Schleife, die sich selbst verzehrt und ver-daut. WAS und WARUM (Territorium und biologische Motiva-tion) gewinnen dabei den Vorrang vor dem WIE (der Kultur).

Wieviel Bedeutung wir einer Sache beimessen, richtet sich also nach dem Wert, der Größe und Lage unserer Monumente, Gebäude und Besitzungen wie auch unserer Rituale (z. B. Hochzeiten, Beerdigungen und Konfirmationen), die wir als persönliches Territorium oder genetisches Mandat begreifen. Das ist unser natürlicher und angemessener Sicherheitsbe-reich. Was nicht natürlich und angemessen ist, sind die Einflü-sterungen, wir müßten wegen dieses Bedürfnisses Schuldge-fühle haben, denn diese zwingen uns, genauso schizoid zu werden wie unsere Mentoren. Kriege sind demnach keine Folge territorialer Ansprüche, sondern ein Fall fehlgeleiteter Motiva-tion, und unsere Territorialität ist keineswegs etwas, das uns zur Verzweiflung treiben sollte, sie ist vielmehr unsere größte Hoffnung. Der Leser mag nun fragen, warum denn dieses Buch über psychosoziale Biologie unter der Rubrik okkulte und meditative Literatur zu finden ist. Die Antwort ist einfach. Okkult heißt verborgen. Sobald etwas Verborgenes enthüllt wird, heißt es nicht länger okkult. Es ist, als höbe man einen Stein auf. Was unter dem Stein lag, war okkult, bis jemand den Mut hatte oder so neugierig war, ihn aufzuheben. Für die meisten von uns ist der neuro-biologische Zusammenhang noch immer okkult. Unsere Neurobiologie ist für uns das Ab-solute. Wie wir diese Neurobiologie kanalisieren, das ist für uns das Relative. «Okkult» ist dann, daß *Biologie und Anatomie Schicksal sind*, in dieser Reihenfolge. Das heißt, WAS wir tun, ist festgelegt, und WIE wir es tun, ist relativ. Wir alle werden geboren, essen, wachsen und gedeihen, schlafen, lieben, brau-chen ein Obdach usw. Davon, wie wir das tun, wird unsere Klasse innerhalb der Gesellschaftsstruktur bestimmt, die auf zur Zeit unveränderlichen biologischen Imperativen beruht.

Abschließend kann also festgehalten werden, daß das Biolo-gische das Absolute und das Kulturelle das Relative ist. Diese Grundwahrheit wurde jedoch auf den Kopf gestellt, und man hat uns beigebracht, die Bakterie sei für die Kultur da und nicht die Kultur für die Bakterie. Wir verehren das Kulturelle und verabscheuen das Biologische. Zum einen verleugnen wir damit «Gott», und zum andern legen wir damit den Keim zu unserer Vernichtung.

Teil II
VERDAUEN

Beim Gedanken an die Verdauung kommt uns als erstes die Aufnahme von Nahrung in den Sinn, d. h. von dem, was uns ernährt und erhält. Der Nahrungsverzehr findet vor der Verdauung statt; Aufnahme und Ausscheidung bilden einen vollständigen Kreis (Essen, Verdauen, Ausscheiden).

Die Verdauung hat in und aus sich eine Schlüsselfunktion, denn sie macht uns deutlich, daß das, was von Wert ist, automatisch durch die Körpervorgänge herausgezogen und der «Abfall» ausgeschieden wird. Dieses Naturmodell muß an die Stelle unserer kulturellen Prozesse des Aufnehmens, Verdauens und Ausscheidens treten, deren Zweck nicht mehr ist, das Überflüssige auszuscheiden, sondern es zu verkaufen.

Ich will das Gesagte mit einer Geschichte aus dem Bereich der Schweinezucht verdeutlichen. Die Schweine wurden dabei in drei Käfigreihen übereinander untergebracht; die Schweine zuoberst wurden mit Frischfutter versorgt, während die Schweine in den unteren Käfigen die vorverdauten Ausscheidungen ihrer oberen Nachbarn fraßen. Ergebnis: Die in den mittleren Käfigen legten im Verhältnis zur konsumierten «Nahrungs»-Menge am meisten Gewicht zu. Die Schweine oben fraßen gut, nahmen aber nicht soviel zu wie die Schweine in der Mitte. Die unten befindlichen Schweine schnitten am schlechtesten ab, obwohl alle überlebten.

Damit haben wir ein interessantes Modell für unseren kulturellen «Imperativ». Die Mittelschicht übernimmt die weiterverarbeiteten Rohstoffe der Wohlhabenden, d. h. deren Produkte – konsumiert und überißt sich, entstellt und zerstört dann die Idee, aus der heraus die Produkte entstanden sind, und verfüttert das Ergebnis (den Abfall) an die unteren Schichten, während sie gleichzeitig deren schlechten Zustand beklagt.

Für diesen Prozeß der Popularisierung bezahlt die Unterschicht, die durch den Anpassungskult der Mittelschicht unbedingt durch die vorhandene Unterdrückungsmaschinerie geschützt zu werden wünscht. Mit anderen Worten: Die Kriminellenschicht (ausgenommen die «Schreibtischtäter»), die sich vorwiegend aus der Unterschicht und Minderheiten zusammensetzt, wird von den anderen Schichten sowohl geschaffen als auch zur Rechtfertigung ihrer perversen, exzessiven Bedürfnisse benutzt. Wieder dürfen wir nicht vergessen, daß nicht etwa unsere Biologie dafür verantwortlich ist, sondern vielmehr die Lügen, von denen sie umsponnen ist.

Hochinteressant ist, daß man sich in Europa des Klassenkampfes bewußt ist. Wir in Amerika halten uns da raus. Wir schütteln den Kopf über das Leid und Elend der vom Glück weniger Begünstigten, während wir unser Nest mit immer mehr Federn ausschmücken, die uns in der angenehmen Sicherheit wiegen, aufgestiegen zu sein. Die unteren Schichten konsumieren wie die Schweine in der untersten Käfigreihe das, was weggeworfen wird. Letztlich wird der Kampf in Amerika nicht zwischen Unter- und Oberschicht geführt, denn dazu sind sie viel zu weit auseinander. Dort findet der Kampf zwischen Mittel- und Unterschicht statt.

Teil III
DIE REPRODUKTIVE FEHLFUNKTION – VERSTOPFUNG

Der Baum des Lebens als genetische Kette
Die Neuropolitik der schnellen Alterung

Reproduktive Fehlfunktion heißt einfach, daß wir den größten Teil unserer Zeit und Ressourcen an die Arterhaltung wenden. Das sind die sogenannten Reproduktionsstrategien. Der springende Punkt ist der, daß die Reproduktion selbst zwar absolut ist, die Strategien jedoch relativ und folglich Veränderungen unterworfen sind. Das Wort «Fehlfunktion» bezieht sich darauf, daß das Relative als *absolut* eingestuft wird, ein Vorgang, der nicht nur eine Erfindung, sondern auch ein Erfordernis des Klassenkampfes ist. Wir brauchen Konsumenten, sowohl die nach oben Mobilen als auch die unteren Schichten, die das übrigbleibende Nebenprodukt, den «Abfall» der reproduktiven Fehlfunktion, konsumieren.

Die Reproduktion ist ein Musterbeispiel für den beständigen Prozeß von Veralterung und Austausch. Sie ist außerdem eine Art eingebildeter persönlicher Unsterblichkeit. Dabei ist die Reproduktion im weitesten Sinne des Wortes völlig unpersönlich. Es liegt weder etwas Neues noch etwas Einzigartiges darin, Nachkommen zu haben (DNS-Spiralen). Einmalig in bezug auf Nachkommen ist wohl das dadurch hervorgerufene

Gefühl der Territorialität. Das heißt, Nachkommen sind Teil unseres Körpers, und doch ist die DNS ebensowenig eine Erfindung das Menschen wie Sperma und Ovum, die zusammen ein neues Teil schaffen.

In dieser Hinsicht dient der territoriale Imperativ dazu, eine enge Verbindung herzustellen. Wie alles in der Welt sind auch wir schnell veraltet; nichts ist für die Ewigkeit gemacht.

Wir orientieren uns völlig einseitig an dem Erneuerungsmodell, mit dem wir nahezu jede Facette unseres Daseins erfassen und unsere Prioritätenhierarchie strukturieren. Infolgedessen bauen wir in die Produkte, die wir herstellen, und in das Leben, das wir führen, Vergänglichkeitsfaktoren ein. Andererseits umgeben wir uns paradoxerweise mit funktionslosen Gegenständen, die unsere Sehnsucht nach Dauerhaftigkeit zum Ausdruck bringen – Statuen, Ikonen, Grabsteinen, antiken Möbeln usw. Wir können einfach unsere Endlichkeit nicht in aller Bescheidenheit akzeptieren. Menschen und Dingen gegenüber verhalten wir uns normalerweise so, als ob wir ewig lebten. Die Folge davon ist verschwenderischer Überfluß in allen Lebensbereichen, sowohl wirtschaftlicher wie psychischer. Wir arbeiten unser Leben lang daran, arbeitssparende Geräte zu produzieren.

Ein Kind oder Baby entsteht, um nun zum Menschen selbst zu kommen, durch gemeinsames Bemühen oder «Laborieren» (lat. *laborare* = arbeiten) von Mann und Frau. Die Mühe der Arbeit in der westlichen Kultur ist ebenfalls kein Zufall. Mühe und Kampf wecken Eigentumsgefühle. Wenn wir um etwas kämpfen, eignen wir es uns gefühlsmäßig an. Bei der Produktion und Aufzucht von Nachkommen kommt es zur Arbeitsteilung zwischen Mann und Frau und damit zu einer Konfliktdynamik zwischen neugebackener Mutter und neugebackenem Vater. Durch seine Mystifizierung wird dem Geburtsvorgang ein höherer Sinn unterlegt, den er weder braucht noch verdient. Das ist gemeint mit dem Satz: «Das Relative wird als *absolut* eingestuft und das Absolute als *relativ*.»

Für die Frau gehören zur Reproduktion eine biologische Lebenssicherung, ein verbürgtes Asyl (Nest) und eine Einkommensquelle, die durch männliche Autoritäten sichergestellt wird. Diese Einstellung wird durch das neue Selbstverständnis der Frau innerhalb der Frauenbewegung modifiziert. Das entstehende Matriarchat befaßt sich von einem gesünderen Standpunkt aus mit diesem Thema. Es deutet den vielversprechenden Beginn der Befreiung des Menschen an, einer Befreiung nicht von unserer Biologie, sondern von unserer Fehlauffassung davon. Die Devise heißt: «Mein Körper gehört nicht mehr dieser Gesellschaft, d. h. dem Patriarchat.» Leider läßt sich das konsensuelle Kulturprogramm von diesem neuen Paradigma weder beeindrucken, noch hat es sich dadurch wesentlich geändert. Der Mann rechtfertigt das Patriarchat auf Grund der unbewußten Anerkennung seiner biologischen Entbehrlichkeit, wie bei anderen Arten gut zu beobachten ist. Dieses männliche Überflüssigkeitsgefühl bewahrt die Frauen in den meisten Kulturen davor, in Kriegen ihr Leben aufs Spiel setzen zu müssen. Frauen sind auch in vieler anderer Hinsicht geschützt, nicht, weil sie besser wären oder mehr geliebt würden, sondern weil sie als unverzichtbar für die Aufzucht der Nachkommenschaft (der neuen Konsumenten) gelten.

Typisch für all dies ist die Einstellung der Gesellschaft zu den Opfern von Vergewaltigungen. Häufig wird die Frau als der Täter betrachtet. Das Paradox, die Frau einerseits als potentielle Gebärerin zu schützen und sie andererseits zu erniedrigen, wie es das Patriarchat tut, entspringt der hintergründigen Ansicht, alle Menschen der Mittel- und Unterschicht seien Leibeigene, d. h. bloße Konsumenten (Teile der Nahrungskette). Die Demokratie versucht zwar die Illusion einer Beteiligung oder einer Wirkung des einzelnen auf das Ganze aufrechtzuerhalten, schafft jedoch in Wirklichkeit das Umfeld für wirtschaftliche und psychische Leibeigenschaft. Ein gutes Mantra, das beim Aufwachen dreimal wiederholt werden sollte, ist: «Auf, auf, Sklaven.» P. S.: «Und vergeßt die Bummler nicht.»

Kehren wir zum Hauptpunkt zurück. Jeder andere Mann bzw. Vertrter der Gesellschaft kann nach der Befruchtung den Platz des genetischen Vaters einnehmen. Die Liebe der Frau zum Mann muß auf das werdende Kind übertragen werden. Nach der Geburt ist der Mann eigentlich überflüssig, außer für die Bereitstellung von Gütern und Dienstleistungen. Das ist eine kulturelle Tatsache und keine biologische. Mit anderen Worten: Es ist nichts gegen eine Verlagerung der Liebe einzuwenden; störend ist nur, daß wir nicht über die natürlichen Vorgänge von Geburt, Tod und Leben im allgemeinen informiert werden. Wieder mußte die Biologie für gewisse kulturelle Entstellungen herhalten: «Versuch und Irrtum.»

Vom Standpunkt des Mannes aus ist die biologische Belohnung für die Reproduktion ein Schulterklopfen in Anerkennung seines zeugungskräftigen Samens und eine Identifikation mit dem genetischen Nachkommen. Erneut wird der Vorgang unnötigerweise persönlich genommen, um den Besitzerstolz zu befriedigen. Viel Zeit wird daran gewendet, bei dem Nachkommen die körperlichen und charakterlichen Eigenschaften festzustellen, die denen der Eltern gleichen. Charakteristische genetische Gemeinsamkeiten ausfindig zu machen dient im Grunde der Beruhigung des Mannes, der nie mit absoluter Sicherheit weiß, ob das Kind wirklich von ihm ist. Damit hat die Frau bei künftigen Auseinandersetzungen mit ihrem Mann immer einen gewissen Vorteil. Neun Zehntel der Gesetze betreffen den Besitz. So wird der Nachkomme sowohl von den Eltern als auch juristisch meist als Eigentum der Frau eingestuft. Beweis dafür ist das gerichtlich überwiegend der Frau zugesprochene Sorgerecht.

Reichen für die Ernährung des Kindes nicht beliebige Brustwarzen aus und für die Befruchtung des Ovums nicht beliebige Spermien? Die Antwort lautet jein, denn es gibt Argumente dafür und dagegen. Aber es spielt letztlich gar keine Rolle. Wichtig ist nur das Kind, denn es sichert die Erhaltung der Art sowie eines spezifischen Satzes auf Selbsterhaltung bedachter Gene. Auch in diesem Fall kann nicht die biologische Notwendigkeit dafür verantwortlich gemacht werden, wie eine bestimmte Kultur diese Kraft kanalisiert. Zu beanstanden ist vielmehr, daß die *relative* Kultur über die *absolute* Biologie erhoben wird. Was ist eigentlich heiliger?

SCHLUSSFOLGERUNGEN

Die Kernaussage dieser Ausführungen ist die, daß die Biologie Vorrang vor der Kultur hat und daß die angeblich von der Biologie heraufbeschworenen Probleme eine Folge der kulturellen Entstellung der Biologie sind. Die erste allgemeingültige Folgerung wäre, sich täglich ins Gedächtnis zurückzurufen, daß die Kultur relativ ist. Die zweite wäre, daß Territorialität an sich keine zerstörerische Wirkung hat, sondern unmittelbar zum evolutionären Prozeß beiträgt. Deshalb ist jeder Versuch, von staatlicher Seite aus in die Territorialität einzugreifen, wie es der Kommunismus tut, ein Anschlag auf das Leben, die Freiheit und das Streben nach Glück. Die amerikanische Verfassung und die Bill of Rights sind biologische und spirituelle Dokumente. Aber die Heuchelei der (nicht-gnostischen) christlichen, (nicht-sufistischen) moslemischen und (nicht-kabbalistischen) jüdischen Paradigmen ist dem Wachsen und Werden der Menschheit abträglich. Die Erbsünde ist die Urlüge. Nichts weiter.

Wenn wir nun vom Allgemeinen zum Besonderen übergehen, ergeben sich einige interessante kreative Lösungen, um der Fehlanpassung und dem Fehlverhalten entgegenzuwirken.

Was insbesondere das Raum- und Wohnungsproblem angeht, möchten wir hier das *Shalhome* vorstellen, ein Obdach, das für 100 bis 400 DM pro Quadratmeter gebaut werden kann. Es ist sowohl schön als auch funktionell und kann mit einfachsten Mitteln und wenig bzw. ohne handwerkliches Geschick errichtet werden. Wie erfüllt diese Zufluchtsstätte die Idee des Nistens? Sie besteht aus Beton und Stahl und ist infolgedessen wartungs- und pflegeleicht. Da sie für viele erschwinglich ist, würden die Feindseligkeiten und Kämpfe um territoriale Rechte abnehmen.

Warum sind Banken, Planungsbüros und Ehepaare dem alternativen Wohnstil so abgeneigt? Kultur und Gewohnheit haben uns Aufteilungs- und Parzellierungsvorschriften aufdiktiert und den Menschen damit systematisch in «Kästen» verpackt. Ein Heim muß kein Kasten sein, doch die *Verabsolutierung des Relativen* erzeugt die Illusion, daß Kästen und Häuser einander entsprechen. Wenn wir also Obdach, Heim usw. sagen, «sehen» wir automatisch Kästen. Das Shalhome ist rund, deshalb würden es viele nicht als Haus akzeptieren, da sie Kasten mit Heim gleichsetzten. Ebenso wie Worte kein Selbstzweck sind, kann auch die Form nicht aus der Notwendigkeit abgeleitet werden (wobei die Notwendigkeit sich auf das Obdach bezieht und die Form der Kasten ist).

Eingebautes Mobiliar entbindet von der Mühe, alte unmodern gewordene Teile zu ersetzen (dem Renovierungs-Syndrom). Die einheitliche äußere Gestaltung des Gebäudes läßt keinerlei Schlüsse auf den gesellschaftlichen Status zu. Einzige Unterschiede sind Größe, Volumen und Standort. Das Shalhome kann als Modell für Energieumwandlung fungieren, indem es einen großen Spielraum für Methoden der Heizung und Kühlung eröffnet. Preiswerte, funktionale und gleichzeitig schöne Unterkünfte wecken den Besitzerstolz und setzen die Kriminalität herab. Wichtig ist auch, daß ihre Erbauung Gemeinschaftssache ist. So kann jeder ein eigenes Territorium und Heim bei minimalem Kostenaufwand haben. Statt für den Hausbau 1000 DM und mehr pro Quadratmeter rechnen zu müssen, kommen wir auf diese Art und Weise zu einem Heim, das nur 400 DM pro Quadratmeter und häufig sogar noch weniger kostet. Uns ist natürlich vollkommen klar, daß dieses Beispiel keine Generallösung für sämtliche Entartungen des Territorialinstinkts ist, aber wir meinen doch, daß es eine Alternative darstellt für diejenigen, die nicht ihr Leben lang Sklaven der Banken und Immobilienmakler sein wollen.

Das eigentliche Ideal der Demokratie ist heute noch nirgendwo auf der Welt verwirklicht. In seiner heutigen Form ist es von seinen Wurzeln getrennt, dem Geist und Sinn der Menschen. Die Mehrzahl von uns weiß gar nichts oder ausgesprochen wenig von den Abgeordneten, die uns vertreten, und viele haben gar keine Lust mehr, an den Wahlen teilzunehmen. Anscheinend sind wir bereit, dafür zu bezahlen, daß andere die lebenswichtigen Entscheidungen für uns treffen.

In einem Zweiparteien-System unterscheiden sich die Wahlkandidaten in ihrer Ideenarmut und ihrer Führungsneurose nicht voneinander. Die überhöhten Kosten einer schlechtfunktionierenden Verwaltung beruhen auf dem Unvermögen, den Konflikt des Politikers zwischen seinem Streben nach persönlichem Machtgewinn und seinen Pflichten der Öffentlichkeit gegenüber zu steuern und zu kontrollieren. Diese Mängel werden dadurch noch verschlimmert, daß sich die Politiker, unsere Vertreter, häufig in speziellen Interessengemeinschaften zusammenschließen, um Dinge und Ziele durchzusetzen, die den Interessen der Bürger zuwiderlaufen. Das System von Wahl und Wiederwahl begünstigt letztlich Kompromisse, mit denen niemandem gedient ist außer denen, die das meiste Schmiergeld bezahlen.

Es sollte keine Berufspolitiker mehr geben, da offensichtlich nur die Geschicklichkeit im Manipulieren und Wählerbeeinflussen zu einer entsprechenden Position qualifiziert. Das ist genauso, als bekäme ein Arzt seine Approbation, weil seine Frau eine Schönheit ist. Eine interessante Alternative zum augenblicklichen Regierungssystem wäre die ZUFALLS-Vertretung, nämlich eine nationale Lotterie, bei der jeder Bürger für ein Amt in Frage käme. Dafür müßte sich natürlich unser Bildungswesen erheblich verändern, denn wir hätten dann ein begründetes Interesse daran, unsere Bürger zu verantwortlichem Sozialverhalten zu erziehen.

Die Betonung von Bildung und Erziehung würde eine Wende mit sich bringen von einem auf Wettbewerb und sozialer Anpassung beruhenden Wertsystem zu einem an Kooperation orientierten Wertsystem. Dann hätte jeder die gleiche Chance, «Präsident» oder «Kanzler» zu werden. Die freien Künste,

Sozialwissenschaften und Staatsbürgerkunde wären dann ebenso wichtig wie berufliche Fähigkeiten und die exakten Wissenschaften oder sogar wichtiger als diese. Interaktive und wachstumsorientierte Modelle der Erziehung hätten endlich Gewicht, statt bloß Stiefkind eines Bildungssystems zu sein, das sich auf soziale Anpassung (Inhaftierung des Schülers/Studenten) und die längst erschöpfte industrielle Revolution mit ihrem Mismanagement von Land und Ressourcen gründet. Dies würde sich positiv im Alltag und bürgerlichen Gesellschaftsleben widerspiegeln.

So würden beispielsweise in der Lotterie-Wahlzeit die Sieger das Privileg «gewinnen», bei der Regierung und Harmonisierung der Gesellschaft helfen zu dürfen. Lotterielose würden dann wieder eine zufällige Personenauswahl treffen und darunter alle Ämter und Würden verteilen, bis zum Schluß die letzten drei Gewinner für das Bundestriumvirat übrigblieben. Dadurch würden die Möglichkeiten für Mismanagement auf allen Ebenen und bei allen Amtsgeschäften drastisch reduziert, denn die obere Etage müßte sich direkt vor der unteren verantworten. Die Abschaffung des Berufspolitikers und -beamten würde die Zahl der Amtsvergehen und Bestechungen vermindern sowie der Bildung spezieller Interessengemeinschaften vorbeugen, denn niemand wüßte von einer Amtsperiode zur nächsten, wer eigentlich ans Ruder kommt. Die härtesten Strafen der Gesellschaft würden den Regierungsbeamten vorbehalten bleiben, die sich der Bestechlichkeit schuldig machen oder ihre Macht zu eigenen Zwecken mißbrauchen.

SCHLUSS DER EINLEITUNG

Wir wundern uns oft über die Zukunftsplanung, die ohne Sinn und Verstand betrieben wird. Mit Gurdjieffs Worten: Gibt es Leben auf der Erde? Oder sind wir nur Nahrung für den Mond? Unserer Ansicht nach spielt es keine Rolle, was davon zutrifft. Es kommt nur darauf an, daß wir den Prozeß des kulturellen Absolutismus umkehren, der uns zu Gefangenen des Gestern und folglich auch des Morgen macht. Unserer Meinung nach ist es Zeit, unsere Biologie als unsere Bestimmung anzusehen und nicht das, was Hausfrauen und schwer arbeitende Ehemänner zufällig von sich geben, die blindlings daran schuften, maschinellen Ersatz für sich selbst zu produzieren. Wir sollten uns endlich wie die Götter benehmen, als die wir geschaffen worden sind. «Wisset ihr nicht, daß ihr Götter seid?»

Wir hoffen, daß jetzt keiner abgeschreckt ist und daß jeder hierin etwas Liebens- und Hassenswertes findet. Denn dieses Gesetz gilt für alles!

Wenn Sie jemand fragen sollte, warum Sie eigentlich solchen Unsinn lesen, sagen Sie einfach, dieses Buch handle vom Nervensystem – und das sei ja wohl kein Unsinn. Sie sollten sich von den Ideen in diesem Buch nicht verleiten lassen, denn Ihre Probleme werden dadurch nicht unbedingt gelöst, höchstens durch etwas Neues und hoffentlich Weiterführendes. Sollte Sie jemand ein zweites Mal fragen, warum ein intelligenter Mensch wie Sie solchen unvergorenen Quatsch liest, dann entgegnen Sie, sie würden sich auf Ihre Abschlußprüfung in spiritueller Biologie vorbereiten. Damit machen Sie dem Betreffenden klar, daß Sie und die Autoren ernst zu nehmen sind.

Zum Schluß wollen wir all den Lesern danken, die uns geschrieben haben, welch eine gute Idee die Erstveröffentlichung dieses Buches war. Wir sind der gleichen Meinung, und für diejenigen, die eine Entschuldigung verlangt haben, zitiere ich an dieser Stelle meinen besten, inzwischen verstorbenen Freund Israel Regardie:

«NEIN! NEIN!!! NEIN!!! TAUSENDMAL NEIN!!!!!»

Kapitel 1

WENN SIE WER SEIN WOLLEN:

RAUS AUS DEM BETT!

Dieses Buch ist für alle, die mehr vom Leben haben wollen. Allerdings ist es KEIN Ratgeber zur Selbstverbesserung im herkömmlichen Sinne. Es unterscheidet sich von jedem anderen Buch, das Sie kennen, weil es sich an diejenigen wendet, die bereit sind, für die versprochenen Ergebnisse hart zu arbeiten. Wenn Sie von diesem Buch erwarten, daß es Ihr Leben zum Besseren verändert, Sie glücklicher macht und Sie von mißliebigen Umständen und Erfahrungen befreit, müssen Sie willens sein, sich tiefgreifend zu verändern und alle unerfreulichen Erfahrungen der Vergangenheit aufzuheben. Das vorliegende Buch soll Ihnen dabei helfen, totale FREUDE und FREIHEIT zu erleben.

DIESES BUCH IST FÜR DIEJENIGEN
BESTIMMT,
DIE ES LEID SIND,
WENIGER ALS DAS ZU SEIN,
WAS
SIE
SEIN
KÖNNTEN.

Sie erreichen dieses Ziel, indem Sie die Übungen lernen und ausführen, die Abbildungen genau betrachten, um ihren Sinn zu erkennen, und die eigentliche Botschaft dieses Buches zu begreifen versuchen, die es in Form und Inhalt vermittelt.

IHNEN WIRD AUFGEHEN,
DASS SIE SOWOHL DAS GEFÄNGNIS,
DER GEFANGENE
ALS AUCH DER WÄCHTER SIND.

Im Unterschied zu anderen Büchern stellt dieses eine HERAUSFORDERUNG für Sie dar, es belustigt Sie, ängstigt Sie, beleidigt Sie und LIEBT Sie. Es ist vital und spontan, und darum geht es ja schließlich im Leben.

Ich habe hier über allerlei verschiedene Dinge geschrieben, unter anderem über drei spezielle Techniken der ENERGIE-MEDITATION. Die EM ist bewußt so angelegt, daß sie aufrüttelt. Sie soll Sie dazu bringen, sich zu verändern, sich zu *verlieren* – sich zu befreien –, sich in einen STERN zu verwandeln.

49

Sollten Sie Schwierigkeiten mit einer der Übungen haben, schicken Sie mir bitte eine kurze Mitteilung (ich hasse lange Briefe), und ich werde Ihre Fragen beantworten.

V O R S I C H T

DIESER AUTOR BENUTZT TRICKS –
IST SPRUNGHAFT – ÄNDERT SEINEN STIL.
AUFGEPASST!
LESEN SIE WEITER AUF EIGENE
GEFAHR . . .

DAS LABOR

Ein Labor oder LAB ist ein Ort, an dem sich Forscher und Wissenschaftler treffen, um ihre Lieblingstheorien zu testen. Sie haben deshalb ein Labor, weil sie merken, daß sie mehr Theorien als Fakten haben.

Im Unterschied zu den meisten von uns, die glauben, alles zu wissen (wenn Sie anderer Meinung sind, fragen Sie doch einfach jemanden über irgend etwas und sehen Sie, was passiert!), weiß der echte Forscher, daß *Sie* das Labor, die Versuchsperson und der Versuchsleiter sind.

Durch die *ENERGIE-MEDITATION* und andere Techniken werden Sie sich so «ent-wickeln», daß alle unliebsamen Erfahrungen der Vergangenheit aufgehoben werden, die Sie davon abhalten, sich in Ihrem Leben voll und ganz zu verwirklichen.

Als Forscher in eigener Sache müssen Sie unbedingt alle vorgefaßten Ideen, Gedanken und Überzeugungen an der Eingangstür zu Ihrem LAB zurücklassen. Dazu gehören unter anderem Angst, Unruhe, Unsicherheit, Zweifel und Vorurteile, die Ihnen bisher verwehrt haben, in Freude und Freiheit Ihren höchsten Erwartungen gemäß zu leben.

WAR
GURDJIEFF
EIN AFFENDOMPTEUR?

Gurdjieff, einer der bedeutendsten «wahren» Lehrer «wahrer» Selbstveränderung, hat gesagt: *DAS LEBEN IST NUR DANN WIRKLICH, WENN «ICH BIN».* Was er damit meint, ist klar; wir leben wie in einem Traum – meistens sogar wie in einem Alptraum – und sind uns dessen die meiste Zeit über nicht einmal bewußt. Gurdjieff vertrat die Auffassung, daß die Menschen im Grunde Roboter seien, jedoch die Anlage dazu besäßen, durch «Arbeit» eine SEELE und den FREIEN WILLEN zu entwickeln.

Bennett, ein Gurdjieff-Schüler, stellt eine tiefgründige Frage, die Anlaß zum Nachdenken sein könnte:

«GIBT
ES
LEBEN
AUF
DER
ERDE?»

Kern seiner Frage ist, daß das, was wir menschlich nennen, nur die Möglichkeit zum Menschsein ist und das, was wir Leben nennen, nur die Möglichkeit zum Leben ist. Bennett behauptet, wir seien Maschinen, bewegten uns in festgefahrenen Geleisen und hätten Schwierigkeiten, neu und unvoreingenommen auf wechselnde Situationen zu reagieren.

WIE VIELE EXEMPLARE DIESES BUCHES
WERDEN VERKAUFT?
WER DER RICHTIGEN ZAHL
AM NÄCHSTEN KOMMT,
VERBRINGT EIN WOCHENENDE
MIT DEM AUTOR.

Manch einer glaubt, zum Bücherverkaufen müsse man liebenswürdig sein und den Leser an der langen Leine halten. Das ist in meinen Augen eine Beleidigung, denn der Leser muß an der kurzen Leine gehalten werden, wenn er darauf aus ist, mehr zu tun als nur zu masturbieren. Sollten Sie allerdings

zu masturbieren wünschen, finden Sie hier ein paar höchst anregende Bilder.

Die letzte Bemerkung nebst Abbildung sollteIhre Einstellung erschüttern, Ihre festgelegte Art des Reagierens. Welche Wirkung hatte das auf Sie? Ich habe diese Methode von einem schintoistisch-buddhistischen Mönch gelernt, der mir, als ich mich mit einer für meine Begriffe tiefernsten Frage (um Leben und Tod) an ihn wandte, ins Gesicht lachte. Da ich damals den Erleuchteten spielte, lächelte ich nur. (Lächeln war in den sechziger Jahren der heiße Tip, besonders, wenn man nicht verstand, wovon der andere redete.)

Die Sache ist die, daß Lachen eine heilende Funktion hat, aber außerdem noch zur Erleuchtung führt. Während andere Erdbeben, Atombomben und wirtschaftliche Katastrophen ignorieren, werden Sie sich der Situation voll bewußt sein und, was das wichtigste ist, ——————————————— lachen können.

Wenn Sie ins LABOR eintreten, wird Ihnen Lachen den Weg ebnen.

Die nachstehende Abbildung veranschaulicht, was Lachen bei einigen Mächtigen dieser Welt ausrichten könnte, insbesondere bei denen, die die Menschen in Kriege führen. Wieder wird deutlich, was Bennett mit seiner berühmten Frage meinte:

Gibt es Leben auf der Erde?

Hingegen
ist das Leben im Labor ganz anders. Hier ist jeder froh und frei. Hier liebt der Mensch das Leben, soll jede Handlung der Freude und Freiheit dienen statt dem Leid und der Einschränkung.

55

WOHER KOMMEN IDEEN?

Viele der Ideen dieses Buches stammen aus obskuren bzw. ungewöhnlichen Quellen, unter anderem von einem Mann, der als Meister Therion bekannt ist. Er war ein guter Magier, das heißt, er verbrachte sein Leben damit, sein konditioniertes Selbst zu ent-wickeln. Dabei trat er oft den frömmelnden Teilen unserer Gesellschaft auf die Füße. Aus diesem Grund wurde er als Bösewicht eingestuft. Viele, darunter Tim Leary und Bob Anton Wilson, schreiben ihm einen starken Einfluß auf die Bewegung zur Erforschung höherer Bewußtseinsformen in den sechziger Jahren zu. Manche meiner Freunde und Verbündeten meinten, seine Erwähnung in diesem Buch würde den Verkauf und meinen Ruf schädigen. Wenn das zutreffen sollte, würde es mir sehr mißfallen, aber ich bleibe bei meiner Entscheidung, seine Verdienste angemessen zu würdigen, und füge an dieser Stelle ein Bild von ihm bei. Diejenigen von Ihnen, die Meister Therion nicht wiedererkennen, werden zur rechten Zeit erfahren, wer er ist.

Für diejenigen von Ihnen, die es nicht wissen, aber gerne raten möchten, hier ein paar Anhaltspunkte

1. Er spielte gern im Garten der Lüste.
2. Er war ein Dichter.
3. Er war ein begeisterter Bergsteiger.
4. Er war ein Magier.
5. Seine Mutter nannte ihn ein Biest.
6. Er veröffentlichte eine Schriftenreihe mit dem Titel «Equinox».
7. Er war mehrmals verheiratet und hatte etliche Kinder.
8. Er wurde im britischen Empire geboren.
9. Er war Mitglied des Golden Dawn.

WENN SIE SICH
VERBESSERN WOLLEN,
MÜSSEN SIE ERST
SICH SELBST
LOSWERDEN.

Verstehen Sie mich nicht falsch, wenn ich von Selbstverbesserung spreche. Gemeint ist weder eine Aufbesserung der Sozialpersönlichkeit oder Maske noch das Sammeln von Informationen. Es geht einzig und allein darum, alles das zu «zerstören», was Sie davon abhält, ganz Sie selbst zu sein. Geben Sie sich also nicht der trügerischen Illusion hin, es handle sich dabei um einen schmerzlosen Prozeß, denn das stimmt nicht. Sich selbst zu verbessern heißt nach meiner Definition, «das loszuwerden, was man jetzt für sich selbst hält».

Ich habe dieses Buch in der Absicht geschrieben, Ihre festgelegte Ansicht dieser Welt zu verändern. Dazu ist häufig eine neue Perspektive erforderlich, durch die Sie vorübergehend einen anderen Standpunkt einnehmen können.

«Meine» im folgenden dargelegte Theorie soll Ihnen helfen, die Welt aus einer anderen Perspektive zu betrachten. — Den Vorgang, von dem die Rede sein wird, haben viele Menschen bewußt erlebt, die — die Formel— — ... —... -.- ENT-WICKLE DICH! selbst... ... .-. anwenden. Ich habe ihn — DEN UNIVERSALZYKLUS DER FREUDE — genannt. Er entspricht Wilhelm Reichs Zyklus ——— Span-

nung – Aufladung – Entladung und Entspannung.
Diese Vorstellung wird Ihnen verständlicher, wenn
Sie sich die Welt und alles darin als einen pulsieren-
den lebendigen Organismus in ständiger Bewegung
denken.

Jedes Lebewesen durchläuft einen Zyklus von Spannung – Aufladung – Entladung und Entspannung.
Jedes Wesen, das diesen Zyklus zu Ende führen
kann, darf als erfolgreich bezeichnet werden. Was
den Zyklus nicht vollendet, hat versagt und wird
sterben, ohne große Freude oder Glückseligkeit erlebt zu haben. Diese Formel hat ihre Gültigkeit bei
Ameisen, Vögeln, Blumen, Menschen...
lilahaarigen alten Damen...
  Bücherkäufern, Regierungen...
    Schulen...
      Autoren...
        usw....

Jeder Mensch, den wir kennen, kann als einer der
vier Typen eingestuft werden.

Als Spannungstyp, der sich nie auflädt,

als geladener Typ, der sich nie entlädt,

als Typ, der sich entlädt, aber nie entspannt.

Sie sagen, das sind erst drei, und wo bleibt der vierte? Dieser glücklichen Person widerfährt die Freude, den ganzen Zyklus zu durchlaufen.

Es gibt noch viel mehr Typen in diesem System, aber je mehr ich über diese Theorie schreibe, um so deutlicher fällt mir ihre Ähnlichkeit mit anderen Systemen ins Auge. Was soll der Autor davon halten, daß sie kein Original ist? Wichtiger noch: Wie wirkt sich «Originalität» auf Leser aus, denen mehr an historischen Präzedenzfällen gelegen ist als an der Wirkung, die Informationen auf ihre bewußte Einstellung haben?

Mit Hilfe dieser Theorie werden Sie Ihre eigene Art der Lebensbewältigung bestimmen können. Stellen Sie eine Liste Ihrer Handlungen zusammen, und analysieren Sie dann jede einzelne im Hinblick darauf, wo Sie in dem Kreislauf Spannung — Aufladung — Entladung und Entspannung anhalten. Schauen Sie sich an, wie Sie essen, reden, lieben, gehen, denken, fühlen usw.

Macht dieser Autor sich wirklich Sorgen um die Originalität seiner Theorie, oder will er nur auf die Kleinlichkeit und «akademische Dummheit» hinweisen, die so oft auf dem Gebiet des «höheren Bewußtseins» zu finden sind?

Wenn Sie diesen Gedanken, der zwar «aus zweiter Hand» stammt, jedoch ungewöhnlich ist, weiterspinnen wollen, sollten Sie die Wechselwirkungen berücksichtigen. Nehmen Sie die Schwächen und Stärken der verschiedenen Phasen unter die Lupe. Ziehen Sie auch Alter, Geschlecht, Gesundheit, Genetik, Umwelt- und Erziehungseinflüsse in Betracht.

Nachdem ich Ihnen hiermit ein Beispiel für eine Theorie geliefert habe, ist der nächste Schritt, damit zu experimentieren. Übertragen Sie die Theorie in die Praxis, stellen Sie sie auf die Probe. Inwiefern ist sie stichhaltig? Wie paßt sie auf Ihre Leitbilder ? Wie paßt sie auf mich? Wie paßt sie auf Sie selber?

In diesem Abschnitt des ersten Kapitels sind ein paar uralte Ideen dargelegt, die ich aus den unterschiedlichsten Quellen zusammengetragen habe, darunter dem Golden Dawn, dem Tantra-Yoga und dem Zen. Es handelt sich um sehr wirksame Vorstellungen und Begriffe, mit denen man sich aber eingehend beschäftigen muß, um den gewünschten Erfolg zu haben. Diese fortgeschrittenen Methoden werden hier angeführt für den Fall, daß der eine oder andere von Ihnen abenteuerlustig ist und sich auf etwas einlassen möchte, das ihn ganz und gar umkrempelt.

Der einzige Weg hinaus ist der hinein. Wollen Sie aus Ihren Theorien und Gefängnissen heraus, dann werden Sie erst mal ein KOSMISCHER FORSCHER. Wenn Sie das lange genug gewesen sind, werden Sie zum KOSMISCHEN KOMIKER. Die Theorie der unbegrenzten Offenheit setzt voraus, daß Sie sich zuerst einmal ENT-WICKELN;

DER KOSMISCHE KOMIKER

erst dann, und nur dann, können Sie mit der fortgeschrittenen Laborarbeit beginnen. Wenn Sie meinen, das Leben müsse doch noch etwas anderes sein als das profane Programm, das die Welt für Sie vorbereitet hat — sind Sie auf der richtigen Spur.

Freiheit entspringt dem Wissen um die *Orphischen Mysterien*. Das Leben pendelt zwischen Chaos und Form. Nehmen Sie eine Form an, gebrauchen Sie sie — begreifen Sie sie — legen Sie sie ab.

Gestalten Sie nun aus dem Chaos eine neue Form. Durchlaufen Sie diesen Kreislauf so oft wie möglich, und Sie werden sich lebendig und frei fühlen.

DAS CHAOS IST
ALLGEGENWÄRTIG
UND HAT DIE
UNTERSCHIEDLICHSTE
GESTALT UND GRÖSSE

Kaufen Sie sich ein Exemplar von Wilsons – das ist der gute Robert A. – *Cosmic Trigger*. Lesen Sie es einmal. Kaufen Sie sich jetzt ein Exemplar seines *Neuen Prometheus*..

Lesen Sie es. Legen Sie es beiseite. Nehmen Sie sich nun eine Kopie des Geheimtapes von Israel Regardie vor – *The Grinning Giggling Monkey Faced Guru and the Pig song*. («Der grinsende, kichernde affengesichtige Guru und das Schweinelied»). Hören Sie es sich dreimal an.

Zeit, wieder etwas zu lesen. Lachen Sie sich quer durch Tim Learys *Info-Psychololgie*. Lesen Sie das Buch noch einmal und dann erneut den *COSMIC TRIGGER*, während Sie gleichzeitig Regardies Band hören. Legen Sie, wenn Sie damit fertig sind, Regardies *Mantram Tape* auf. Hören Sie sich das Mantra-Band 6 bis 8 Stunden an.

Lesen Sie dieses Buch noch einmal. Ruhen Sie sich zwei Tage oder länger aus, sobald Sie wieder an dieser Stelle angekommen sind, und lesen Sie, wenn Sie sich genug ausgeruht haben, den *Cosmic Trigger* noch einmal, während Sie gleichzeitig das *MANTRAM TAPE* abspielen. Machen Sie jetzt einen Kopfstand, und lesen Sie erneut die *Info-Psychologie*. Wenn Sie das alles schaffen, werden Sie allmählich eine Vorstellung davon haben, was ich mit dem kosmischen Forscher und dem kosmischen Komiker meine.

Sollten Sie sich zu diesem Experiment entschließen, rate ich Ihnen, es genauso durchzuführen, wie ich es beschrieben habe. Wir haben das gemacht, und so funktioniert es am besten. Alles, was Sie brauchen, können Sie bei dem VERLAG bestellen, der den Mut zur Veröffentlichung dieses Buches hatte.*

SEX UND CHAOS

Der folgende Teil ist entstanden, nachdem der Autor ein Spiel namens «Chaotischer Sex» erfunden hatte. Es ist nichts Magisches oder Geheimes am chaotischen Sex, man muß lediglich das hebräische Alphabet kennen. Sobald Sie sich die 22 Buchstaben eingeprägt haben, die bestimmten Pfaden im Baum des Lebens entsprechen, suchen Sie sich einen bereitwilligen Partner bzw. eine Partnerin und bringen ihm oder ihr das Alphabet bei, indem Sie zusammen die Stellungen der verschiedenen Buchstaben nachahmen. Wenn Sie das Durchhaltevermögen und die Kraft haben, die ganze Reihe durchzugehen, haben Sie sich ENT-WICKELT und werden sich im Bereich der Sexualität nie wieder langweilen.

* Bitte beim amerikanischen Verlag bestellen (Adresse am Ende des Buches). Eventuell ist auch eine Lieferung über einschlägige Versandfirmen möglich.

EIN HOCH AUF – –

Kürzlich ist mir ein Gerücht zu Ohren gekommen, Tim Leary wäre eigentlich Abe (Affe) Lincoln. Nun weiß ich zwar nicht, was Tim von dieser Idee hält, möchte jedoch diese Möglichkeit einmal untersuchen.

TIMOTHY LEARY

Es heißt, Abe hätte die Sklaven aus ihrer Knechtschaft, aus Folter und Erniedrigung befreit. Tim Leary hat uns ebenfalls aufgezeigt, daß wir Sklaven sind, Sklaven unserer Triebe, Prägungen und Kenntnisse. Bis ... wir aufwachen —, sind wir nur versklavte Primaten. Wir leben in einer Tunnelrealität, in der das Fressen und die Angst vor dem Gefressenwerden von primärer Bedeutung sind. Das trifft bei «primitiven» Kulturen im wörtlichen Sinne zu und im übertragenen Sinne bei «höherentwikkelten» Kulturen. Wir nehmen einfach hin, wie und was wir «sind», und wagen Ursprung, Sinn und Zweck unserer grundlegenden Persönlichkeitseigenschaften, Wertvorstellungen und Verhaltensweisen nicht zu hinterfragen.

Wir wählen Vertreter, zu denen wir aufschauen, die eigentlich nur «schlaue» Affen sind und unsere Primärängste auszuspielen wissen. So mancher von uns empfindet sogar Dankbarkeit gegenüber seinen Wächtern, und viele würden bereitwillig für sie sterben.

Wir akzeptieren unsere Gefangenschaft als notwendige Voraussetzung für «Ordnung» und für Überleben.

Tim Leary hat uns den Weg hinaus gezeigt! Er hat

uns gezeigt, daß wir unser Denken nach «unserem» eigenen Willen verändern können. Er hat uns gezeigt, daß «wir uns ein neues Bild von uns selbst und von dem Universum, in dem wir leben, machen können».

Unser schlummerndes Gehirn ist zu allem und jedem fähig, das wir nur wünschen. Die Lösung für die «Probleme» des Menschen lautet, erst einmal «sich selbst» loszuwerden und sein Gehirn dann nach seinem «wahren Willen» neu zu programmieren. Die Freiheit des Menschen liegt nicht in seiner konditionierten Persönlichkeit oder in seiner völlig verzerrten Sicht von Göttern und Dämonen begründet, sondern in seinem Verlangen und Vermögen, sich selbst zu ändern.

Tim ist nicht nur der Abe (Affe) Lincoln für irgendeine Spezies, er ist es für die «menschliche» Spezies, und deshalb wählen wir ihn, nicht zum Präsidenten, denn das ist ein Niedervolt-Job, sondern zum NEURO-LOGISCHEN ABENTEURER. Ich hoffe, mit dieser kurzen Erklärung dem Gerücht den Garaus gemacht zu haben.

ANMERKUNG

Der amerikanische Verlag dieses Buches hat so viel
für den Großen Befreier Dr. Timothy Leary übrig,
daß er mit Tim übereingekommen ist, seine brillante «Geschichte der Zukunft» neu aufzulegen,
die er in der Zeit der Großen Verfolgung geschrieben hat.

Haben Sie vielleicht in dem Augenblick, wo Sie
diesen Hinweis auf Leary lesen, bei Nennung seines Namens sofort ein ungutes Gefühl? Wenn ja,
sollten Sie sich gleich Kapitel IV vornehmen.
Besorgen Sie sich ein Exemplar der *Info-Psychologie*, einer Neuauflage der *Exo-Psychologie*, lesen
Sie es einmal durch und danach noch einmal Kapitel IV dieses Buches.

Kapitel II

ERLEUCHTUNG ERFAHREN,

STATT ETWAS DARÜBER

ZU ERFAHREN

EIN ZEN-WORT

Sie müssen aufgeben, was Ihnen am liebsten ist.
 Sie müssen das aufgeben, was Sie über alles lieben,
das, woran Sie hängen
– Sie müssen es aufgeben –
– Sie müssen es aufgeben –
ERLEUCHTUNG
kann nicht mit halbem Herzen «gesucht» werden.
Sie verbirgt sich nirgendwo.
Sie ist HIER und JETZT.

Sie müssen erkennen, daß Sie geängstigt sind, daß
immer etwas auf dem SPIEL steht –
selbst in Ihren Träumen – etwas steht auf dem Spiel,
IMMER.

Alles, was Sie entsetzt,
zerrüttet, stört, kann Ihr Freund sein
Alles, was Sie in den Schlaf wiegt
und selbstgefällig macht,
hindert Sie.

Um mit Ihren
WAHREN MÖGLICHKEITEN
in Eintracht zu sein,
müssen Sie mit sich selbst in Zwietracht sein.
ES GEHT IMMER UM SIE;
SIE SUCHEN NACH NAHRUNG, DIE SIE NÄHRT.

Alles, was Ihr Ende hinauszögert —
 nährt Sie.
Sie verdauen diese vor FETT triefende Kost.
Sie sind unersättlich
und brauchen dauernd FETT, um in Gang zu bleiben.
Sie verbrauchen mehr Kraft und Energie zur Aufrechterhaltung
DER ILLUSION
Ihres unerfüllbaren Traums als zum Leben.
Sie werden noch im Angesicht des Todes stolzieren.

Doch um den TODLOSEN kennenzulernen,
müssen Sie – der Stolzierer – sterben.
Sie müssen diät leben – und sich
zu TODE hungern.

Sie müssen aufhören, sich elend vorzukommen
aus kopflastigem Stolz
– und historischer Dummheit.

Sie müssen aufhören, herumzustolzieren
wie eine gemästete KUH.
Sie müssen aufhören, sich vor Ihren Fehlern zu
verbeugen.
Sie müssen aufhören mit Ihrer Götzenanbetung.
Sie müssen Ihr Elend preisgeben.
Sie müssen aufhören, überrascht zu sein,
 wenn Ihnen etwas widerfährt,

DENN – es ist immer das gleiche.
 Sie müssen aufhören, so zu reagieren,
 wie Sie es immer getan HABEN.

DENN – es ist immer das gleiche.
 Sie müssen aufhören, Beweise für Ihre Geschichte
anzuführen.

Sie müssen aufhören, die Vergangenheit
auszudehnen in Gegenwart und Zukunft.
Sie müssen aufhören, Ihre Dummheit zu verteidigen,
 – IHREN SCHLAF.
Sie müssen aufhören,
IHR ELEND zu verteidigen.

SIE MÜSSEN AUFWACHEN

Sogar um den Preis Ihrer Gesundheit nähren Sie
dieses Ungeheuer.
Er trinkt Ihr Blut,
dieser Ihr Freund.
Sie werden alles und jedes opfern, um ihn zu nähren.
Alles und jedes ist Nahrung für Sie.
Wie die Leute Sie behandeln (gut–schlecht), ist
Nahrung für Sie.
Sie sind so schwach, und doch ist Er so stark.
Warum ziehen Sie den Unersättlichen IHM vor?
Sie widersetzen sich – Sie passen sich an – alles ist
Nahrung für Sie.
Sie sind gleicher Meinung – Sie sind anderer Mei-
nung – alles ist Nahrung für Sie.
Sie vertreten eine Auffassung zu diesem und jenem
und holen sich Rückendeckung von Autoritäten
– alles ist Nahrung für Sie.
Sie sind von Freunden umgeben oder allein
– alles ist Nahrung für Sie.
Sie sind nackt oder geschmückt –
alles ist Nahrung für Sie.
ETWAS STEHT IMMER
AUF DEM SPIEL,
ETWAS GIBT'S IMMER ZU VERLIEREN.

Sie stolzieren herum,
stolz auf Ihr Elend,
das Sie selbst verursacht haben.
Sie werden alles tun, das Elend zu erhalten.
Sie werden kämpfen,
Sie werden hohnlachen,
Sie werden anklagen,
Sie werden beschuldigen,
Sie werden stehlen,
Sie werden sich verstecken
– alles zur Erhaltung der Angst!

DENKEN SIE DARAN:
IMMER
STEHT ETWAS
AUF DEM SPIEL.
DIESES ETWAS SIND SIE.

Nichts vermag zu sättigen
Millionen nicht
Ruhm nicht
Liebe nicht
Macht nicht
Freunde nicht
NUR ER.

WENN SIE ALLES HABEN, WAS DANN?

Siege nähren Sie,
Ihre Mißerfolge nähren Sie
Ihre Vergangenheit nährt Sie,
Ihre Ideen nähren Sie,

wenn Ihre Freunde Sie selbstzufrieden sein lassen,
Sie akzeptieren oder lieben,
ist das Nahrung für Sie.
Wenn sie Sie hassen, ist das Nahrung für Sie.
WARUM SIND SIE SO HUNGRIG?

Regt nicht sogar der Tod Ihren Appetit an?
Kennen Sie den Tod?
Oder haben Sie nur eine vage Vorstellung von ihm?
Sie handeln, als seien Sie immun gegen ihn,
als seien nur alle anderen ihm ausgesetzt
– Sie aber nicht.

Nicht einmal Ihr eigener Tod kann Ihnen Schauer
über den Rücken jagen,
Sie von Ihrer – Freßlust abbringen.

WELCHE NAHRUNG NOCH?

Elend ist Nahrung,
und davon können Sie reichlich finden.
Es fehlt Ihnen nie.

Sie lernen nie,
weil das ELEND Nahrung ist,
und wiederholen den gleichen Fehler,
den gleichen Fehler,
das gleiche Elend
wieder und wieder.

Am schlimmsten ist:
Sie tun es mit *Stolz*,
mit Ihrem überlegenen Hohnlächeln,
MIT EINEM GEFÜHL DER NEUHEIT,
mit einem Gefühl der Einzigartigkeit,
mit einem Gefühl der Entscheidungsfreiheit
oder einem Gefühl der Hilflosigkeit.

Und doch ist es der gleiche Fehler,
das gleiche Elend.

Sie wagen nicht einmal,
einen NEUEN FEHLER zu finden,
EIN NEUES ELEND,
das Sie rausreißen könnte aus Ihrer
FRESSLUST.
(Im Zen gibt es viele Stöcke. Wollen Sie einen zu
spüren bekommen, der versteckt, über die Lach-
muskeln, wirkt, dann lesen Sie *Zen ohne Zenmeister*
von Camden Benares.)

ÜBUNG

Achten Sie beim Reden mit anderen darauf, ob Sie
leere Phrasen und konventionelle Antworten nach
Schema F gebrauchen. Daran zeigt sich, daß Sie fest
schlafen. Irgend etwas steckt jedesmal dahinter,
wenn Sie sich gewohnheitsmäßig solcher Phrasen
und Bemerkungen bedienen.

73

Finden Sie die Phrasen heraus, die Sie rein mechanisch wieder und wieder verwenden und die Ihnen
so lieb geworden sind. Zählen Sie, wievielmal Sie
davon innerhalb von drei Tagen Gebrauch machen,
und dann:

STOPP
STOPP
STOPP
STOPP

Bleiben Sie wach,
und jedesmal, wenn Sie sich anschicken,
diese TOTENGERÄUSCHE zu wiederholen —

STOPP

Sagen Sie sich selbst: Stopp.
Jedesmal, wenn dieser armselige Stottersatz
sein angsterfülltes Haupt erhebt,

STOPP
SCHWEIG!
Dann, wenn Sie wirklich wissen, wer und was Sie
sind,
SAGEN SIE ES STILLSCHWEIGEND
AUF — WACHEN

JEDER MANN UND JEDE FRAU IST EIN
STERN

Kapitel III

DER VERSUCHSLEITER

LECHZEN SIE NICHT NACH

ERGEBNISSEN

FRATER P.

Der Versuchsleiter muß der Definition nach mehr Durchblick haben als die Versuchsperson.

Eine Voraussetzung für Ihre Arbeit an sich selbst ist die realistische Betrachtung Ihrer selbst, so wie Sie sind – nicht wie Sie gern sein möchten. Nebenbei bemerkt ist vieles an Ihren «Möchtegerns» einfach Mist und nicht dem Versuchsleiter, sondern der Versuchsperson anzurechnen. Ich will jedenfalls keinen Quatsch von der Art hören, Sie wollten ja nur den Leuten helfen oder bloß glücklich sein. Wenn Sie sich auf diese Dinge einlassen wollen, müssen Sie zuerst ganz SIE SELBST sein, und das heißt, Sie müssen sich ent-wickeln.

Schlagen Sie das vorige Kapitel noch mal auf, wenn Sie jetzt verwirrt sind. Sollten Sie nach Ihrer Entwicklung noch immer dieselben «Möchtegerns» haben, können Sie davon ausgehen, daß diese von größerer Bedeutung sind.

Als Versuchsleiter mit eigenem Labor und Versuchsperson(en) sind Sie dazu verpflichtet, die Dinge so klar und vorläufig wie möglich zu sehen. Fassen Sie keine ENDGÜLTIGEN ZIELE ins Auge, bis Sie genug Erfahrung in der ARBEIT haben. In dem Maße, wie Ihre Erfahrung als Versuchsleiter zunimmt, werden auch Ihre Ergebnisse stichhaltiger.

Beschäftigen Sie sich aber auch nicht allzuviel mit Stufen und Gradsystemen; entwickeln Sie ein Gespür für die Leute, die mehr von GRADEN als von ERGEBNISSEN halten. (Mehr über diesen Spleen erfahren Sie aus Israel Regardies Buch *My Rosicrucian Adventure*, das 1982 von dem amerikanischen Verlag Falcon Press unter dem Titel *You Should Know About the Golden Dawn* neu aufgelegt wurde.)

Für einen Versuchsleiter ist die Erkenntnis wichtig, daß Enttäuschungen eine notwendige Konsequenz DES GROSSEN WERKES sind. Leben und Erfahrung durchlaufen Zyklen. Machen Sie sich bewußt, daß alle Dinge zyklisch ablaufen.

EINE Art, die Lebenszyklen zu betrachten, ist die folgende:

1. Zuerst gibt es Inspiration und Begeisterung.
2. Dann kommen Frustration und Enttäuschung, Faulheit, Verzweiflung und Angst vor dem Versagen. An diesem Punkt geben die meisten Leute auf, werden depressiv und ziehen sich in eine Phantasiewelt zurück.
3. Neue Einsatzfreudigkeit und Begeisterung.
4. ERGEBNISSE – Befriedigung. ACHTUNG: Ich habe befriedigende Ergebnisse gesagt, nicht Erfolg oder Mißerfolg. Anständig, wie ich bin, habe ich Ihnen keinen «MÖCHTEGERN» untergejubelt. Ich weiß nicht genau, zu welchen Ergebnissen Sie kommen werden, und Sie wissen es ebensowenig.

Sie müssen willens sein, den ZYKLUS zu vollenden. Gelingt Ihnen das, kehren auf immer Freiheit und

Freude in Ihr Herz ein, Ihr rechtmäßiges Erbteil.

SIE SIND EIN OFFENES SYSTEM

Selbst wenn dieses unser Universum verschwinden würde, hörte doch das Experimentieren nicht auf. Der in ständigem Wandel begriffene Prozeß der Expansion und Kontraktion wird als das schöpferische Urelemet des Werdens bestehen bleiben.

ANGST

Angst ist ein Rückschlag. Diesen Satz werde ich von Zeit zu Zeit wiederholen. Sie werden im Labor ab und zu Angst bekommen; lassen Sie sich von ihr nicht unterkriegen, sondern atmen Sie sich hindurch oder, wenn's sein muß, schreien Sie sich hindurch.

Die meisten Wertvorstellungen, Überzeugungen, Meinungen und Verhaltensweisen entspringen einer tiefen vorbewußten Angst und dem Überlebensstress. Wenn wir uns der Macht, die diese Urgefühle über unser Leben haben, nicht bewußt sind, entwickeln wir daraus abgeleitete Gefühle – Haß, Gier und Neid. Da diese starken Gefühle im zwischenmenschlichen Bereich untragbar sind, stellen wir einen Ausgleich her durch : Schuldgefühle (ein anderes Wort für Angst, die sich in Selbsthaß verkehrt hat), innere Leere, Vorwürfe, Feindseligkeit, Depressionen, Überlegenheitsdenken und Minderwertigkeitskomplexe. Diese Verteidigungsmechanismen sind eine unzureichende, überholte und destruktive Methode, dem animalischen Überlebenstrieb gerecht zu werden. Wenn er *mehr als menschlich werden will*, muß der Mensch erst die Macht dieser Gefühle klar einschätzen können, ehe er geeignete Maßnahmen ergreifen kann, um von ihrem Einfluß frei zu werden. Die meisten Menschen kennen jedoch im allgemeinen ihre wahre Motivation gar nicht und bezeichnen ihre Sorgen und Überlebensängste statt dessen als: Pflicht, Aufgabe, Anliegen, Liebe, Hilfe, Schutz, Absicherung, Moral, Schuldigkeit, Patriotismus, Bedürfnis, Meinung usw. Die Folge dieses Selbstbetruges, der sich auch auf die zwischenmenschlichen Beziehungen auswirkt, ist Stillstand und Verwirrung.

GLAUBEN SIE KEINEM SYSTEM,
DAS DIE ANTWORT ZU WISSEN VORGIBT.
ES IST STERIL,
TOT UND GEFÄHRLICH

Alle Versprechungen von der Art wie «Wie wir mit
unserm guten alten neurotischen Selbst Erleuchtung erlangen können» sind dumme und beschä-
mende Hinhaltungen.

Der Kampf um Ihr eigenes Labor wird nie enden. Im
Besitz eines eigenen Labors zu sein heißt nicht, sich
irgendein Machtsystem zu schaffen, denn das LAB
produziert keine Währung, die es entwerten könnte. Kein einziges strukturiertes System wird Ihnen
einen Kurs in LAB-Arbeit anbieten, da jedes LAB ein
STERN ist.

Die hier vorgestellten Techniken und Methoden
werden Ihnen helfen, das Ihre zu schützen, wenn
Sie es gefunden haben. Es gibt noch andere Methoden, bei denen jedoch besser jemand die Leitung
übernimmt, der selbst ein LAB hat und sich aus-
kennt ...

WIE SIE SICH EIN EIGENES LAB EINRICHTEN
UND IHR EIGENER VERSUCHSLEITER

WERDEN

Bilder und Symbole sagen ebensoviel aus wie Worte, manchmal mehr, und gelegentlich bedeuten sie überhaupt nichts («He! Klar, ich glaub kein Wort von dem, was er sagt — dieser lügenhafte Roboter»).

Das vorliegende Buch dürfte Ihnen alle notwendigen Fingerzeige geben, wie Sie sich von einer genügenden Anzahl konditionierter Neuronen befreien können, so daß Sie sich selbst in den Zelator-Grad DIESES SYSTEMS einsetzen können. Damit erlangen Sie allerdings nicht den Zelator-Grad ANDERER SYSTEME, aber Sie sind, unter uns gesagt, wahrscheinlich besser als ein Zelator in anderen Systemen – wie gesagt, das bleibt unter uns. Ich kann mir gut vorstellen, was die Presse daraus macht, wenn das an die Öffentlichkeit dringt.
Halten Sie sich immer vor Augen, daß Sie einzigartig sind und daß Ihr LAB etwas beisteuern kann, wenn Sie Ihre Experimente durchführen.
Alle Versuche haben ihre Gültigkeit, ganz gleich, ob Ihre Ergebnisse denen eines anderen Experimentierenden widersprechen. Einzig und allein durch Störungen, die auf Selbstbetrug beruhen, wird ein Versuch ungültig.

Das wird hoffentlich nicht passieren. Falls es doch passiert, sollten Sie Ihre Methode und sich selbst nochmals überprüfen – und sich von weiteren konditionierten Nervenzellen reinigen, welche Folgen das auch immer haben mag.

Während des ganzen Lebens birgt die oral/anale Fallgrube die größte Gefahr. Unsere Experimente mißlingen am häufigsten durch das – gib mir – gib mir – ich sterbe fast – oder – das ist meins, und bald hab ich deins. Die oral/anale Falle kann auch als 333 bezeichnet werden. Sollten Sie nicht wissen, was diese Zahl bedeutet, schlagen Sie sie bitte nach.

Bilder – Kräfte – Mächte können jederzeit aus der Fallgrube aufsteigen und Sie erschrecken oder einschüchtern. Um darüber eine Kontrolle zu haben, schlage ich vor, daß Sie Ihre wichtigsten Experimente mit einem passenden Bannungsritual einleiten oder sich die praktischen Erkenntnisse der Motivforschung und Lerntheorie in Verbindung mit gewissen Informationen der . . . Statistik zunutze machen (das Bannungsritual klingt entschieden leichter!).

Falls Sie kein Bannungsritual kennen, nehmen Sie das von Israel Regardie aus *Das magische System des Golden Dawn*. Regardie hat dieses Ritual auf Tonträger aufgenommen, und die Kassette ist über den amerikanischen Verlag zu beziehen. (Ich mag ja der ehrlichste Mensch der Welt sein oder auch nicht, aber auf jeden Fall empfehle ich den Verkauf von guten Sachen – deshalb die ständigen Hinweise auf den Verlag.)

Außerdem bekomme ich – glaube ich – Prozente oder so was . . .

HILFE! HILFE!

---

* Wenn wir nicht in Schwierigkeiten sind, machen wir unsere Arbeit nicht richtig!

. . . und nun ein Wort von unseren Gönnern:

SIND DIE ROWOHLT-LEKTOREN*
EIN WERKZEUG DER
ILLUMINATEN-VERSCHWÖRUNG?

UND SIE?

FUTANTEN LIEBEN UNS –
FOSSILIEN HASSEN UNS

ABSICHTSERKLÄRUNG

Der Verlag will dem Planeten Erde Intelligenz
und Unsterblichkeit bringen. Wozu sind *Sie* hier?

Tue was du willst soll das ganze Gesetz sein.
Liebe ist das Gesetz,
dem Willen unterworfene Liebe.

DEN LAUTEN VERSTAND

ZUM SCHWEIGEN ZU BRINGEN

UND DANN VOLLKOMMEN

ZU VERLIEREN,

DAS IST MEDITATION;

MANCHE WÜRDEN DAS

NATÜRLICH IRRSINN NENNEN

Wenn Sie Erleuchtung erlangen wollen *(die wahre Erkenntnis, daß Sie ein Roboter und programmiert worden sind und daß Sie Ihr Gehirn nach Ihrem wahren Willen umprogrammieren können)*, müssen Sie erst sich selbst aus dem Weg räumen.

Die Weisheit und Freiheit des Großen Werkes (über das menschliche Maß hinauszuwachsen) sind jedem zugänglich, der arbeitswillig und bereit ist, die Sicherheit und Dummheit des Menschheitskollektivs aufzugeben.

SIE SUCHEN
EIN
NEUES
SIE

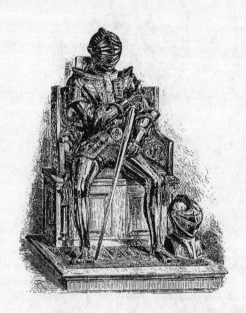

Das neue oder höhere Sie liegt in Ihrer Fähigkeit
begründet, Ihr Gehirn nach Ihrem eigenen Willen
umzuprogrammieren.
– Das «Sie», mit dem Sie vertraut sind, ist durch
jahrelange zufällige, ziellose, unbewußte Programmierung entstanden. Es ist das Ergebnis von Zufall,
Genetik und Geschichte. Es hat soviel Ähnlichkeit
mit Ihrem wahren Selbst wie Freiheit mit Faschis-
mus.

*(Sehr zum Entsetzen derer an der Macht sind wir
im Grunde ganz gute Programmierer — das heißt,
unser Gehirn ist ein Nervengarten, in dem Fasern
und chemische Stoffe wachsen, die wir letzlich
selbst zu programmieren lernen können, nur
müssen wir erst die unserem wahren Wesen und
Willen abträglichen Wurzeln und Düngemittel
entfernen.)*

Die Zeit ist da, wo jeder auf diesem Planeten endlich
die Verantwortung für die Selbst-Neuprogrammie-
rung übernehmen muß. Die Materie vollendet sich
selbst, und wir werden merken, daß sie ihren Mittelpunkt in unserem Bewußtsein hat. Um auf die kom-
mende universelle Expansion vorbereitet zu sein,
muß unser maschinelles Selbst also mit einem neuen
Nervenkostüm ausgestattet werden.
Vergessen Sie nie, daß Sie die Fähigkeit haben, Ihr
Gehirn nach Ihrem Willen umzuprogrammieren.

Die Menschen sind schändlicherweise fest davon überzeugt, ein einmal entstandenes Muster sei nicht mehr zu ändern. Das gilt insbesondere für die «geheiligte» Persönlichkeit und den Charakter.

SIE MÜSSEN GEHEN

Die meisten Menschen wollen nicht einsehen, daß ihre Art, zu fühlen, zu denken und zu handeln, sowie das, was sie glauben, ERLERNT ist und daß nichts Besonderes oder Einzigartiges an ihnen ist, das nicht durch Genetik und Konditionierung beeinflußt würde. Ich wiederhole noch einmal — alles, was wir an uns heilighalten, ist nicht selbstgewählt, sondern vielmehr eine Folge des «Zufalls». Im Unterschied zu anderen Tieren sind die Menschen jedoch dazu in der Lage, sich durch den Prozeß der Selbst-Ent-Wicklung und Umprogrammierung bewußt eine Identität zu wählen und zu schaffen. Trotzdem sind wir meistens beleidigt, verletzt oder wütend, wenn jemand den Wert all des Mülls anzweifelt, der unseren Geist, unser Herz und unseren Speicher füllt.

Auf Grund von Ideen, Wertvorstellungen und Territorial-Verhaltensweisen, für die wir uns nicht bewußt entschieden haben, schlachten wir ganze Völker ab. Wir haben unser Selbst und unsere Werte automatisch anerkannt, ohne es überhaupt zu merken, wie auch kaum jemand Art und Zweck unseres Denkens und Verhaltens in Frage zu stellen vermag. Wie Affen haben wir blindlings die Autoritätspersonen unserer Jugend nachgeahmt.

Unser Ego ist oft so schwach und verletzlich, daß wir leicht über uns selbst stolpern, wohin wir auch gehen und mit wem wir auch zusammen sind. Unser Stolz, unsere Besitzansprüche und unser Territorialverhalten treiben uns zu Handlungen, deren wir uns oft schämen, weil uns von Zeit zu Zeit klar wird, daß wir eher wie ein verrückter Affe gehandelt haben statt wie der wahre Mensch, der wir sein könnten. Der größte Teil der Menschheit ist sich dessen so wenig bewußt, daß das affenartige Verhalten stillschweigend oder, noch schlimmer, offen als notwendige Lebensnorm angesehen wird.

In Wahrheit werden wir dauernd von Eltern, Freunden, Anzeigen, Autoren, Radio, Film und Fernsehen, Lehrern und Politikern programmiert. Diese Programme verwachsen schließlich so mit uns, daß wir in der Beurteilung unserer Gedanken und Handlungen vollkommen von ihnen abhängen.

Vieles davon läuft unterschwellig ab – so unauffällig, so durchgängig, so normal, so gewohnt, daß Sie gar nicht merken, wie irgendein System sich Ihrer ziellos oder gezielt für sein MACHT-Streben bedient und Sie schlau dazu überredet, ein vorgegebenes Wertesystem zu akzeptieren. So schlau wird das gemacht, daß Ihr Unbewußtes jede Anregung in sich hineinschlingt, selbst die, *Dinge in Frage zu stellen* – natürlich nur nach Vorschrift:

– ohne daß Ihr wahres bewußtes Selbst auch nur ahnt, was eigentlich vorgegangen ist. Und diese Werte, auf die Ihr Computer ohne Ihr Wissen programmiert worden ist, sind jetzt – SIE –, der Sie auf bestimmte Reize in einer bestimmten, vorhersagbaren Art reagieren – wieder ohne sich der Tatsache bewußt zu sein, daß Sie REAGIEREN, statt einfach aus eigenem freien Willen zu HANDELN. (Ich spreche natürlich nicht von *Ihnen* persönlich.)

Aber jetzt läuft die Zeit ab. Wenn wir überleben wollen – einzeln oder weltweit –, hat jeder von uns die schreckliche Verantwortung, aus seinem roboterhaften Schlaf aufzuwachen und sich darüber klar zu werden, was eigentlich passiert. Noch nie zuvor in ihrer Geschichte ist die Menschheit dazu in der Lage gewesen, sich selbst zu zerstören, während sie zugleich die Möglichkeiten für absolute Freiheit und «Göttlichkeit» besitzt.

Das kosmische Drama spielt sich verschieden deutlich in unser aller Leben ab; wir sind alle ohne Ausnahme gezwungen, einer Katastrophe entgegenzusehen – sei sie wirtschaftlicher, emotionaler oder spiritueller Natur.

Eine solche Katastrophe, unnötige Qualen, Tod und Irrsinn sind wahrscheinlich zu vermeiden, insbesondere durch das praktische Erlernen der Magie (= willentlicher Veränderung des Denkens). Crowley definierte die «Magick» (das ist seine Schreibweise von *Magie*) als «die Wissenschaft und Kunst, in Übereinstimmung mit dem Willen Veränderungen hervorzurufen». Nach Ansicht von Eliphas Lévi, dem großen Okkultisten des 19. Jahrhunderts, müssen wir, um über uns selbst herrschen zu können, erst das «Wollen» lernen. Die Berufung auf diese Autoritäten soll allen, die nicht mit der wahren Absicht und Natur der Magie vertraut sind, klarmachen, daß es sich nicht um einen Hokuspokus handelt, sondern um eine Wissenschaft der Selbstveränderung.

Viele sind blind und sehen nicht, was auf sie zu-
kommt; ihr Blick ist leer und ausdruckslos.
Leider bieten Blindheit und Ausdruckslosigkeit
keinen Schutz. In den Tagen, die da kommen werden, gibt es keine Sicherheit außer der, die die eigene
Ent-Wicklung und Umprogrammierung gewährt.
Der Körper muß von dem roboterhaften Verstand
loskommen und sich frei von allen Fesseln verwirklichen können. Und der Verstand muß schließlich
zum SKLAVEN des wahren Willens werden.

Nur im Dienst des Willens besteht vollkommene

Freiheit. Der Mensch hat sich immer mit seinem vielgerühmten freien Willen gebrüstet. Dabei ist der freie Wille, wie er allgemein aufgefaßt wird, in Wirklichkeit eine Selbsttäuschung. Für den Durchschnittsmenschen ist der freie Wille die amtliche Erlaubnis, die eigenen konditionierten Neuronen anzubeten.

Der berühmte Schweizer Psychologe C. G. Jung hat eine noch genauere Definition parat:
«Willensfreiheit ist die Fähigkeit, das gerne zu tun, was ich tun muß.»

HERAUSFORDERUNG — BEWUSSTSEIN — GOTT — WILLE

Im neuen Zeitalter wird der Mensch vor gewaltigen Herausforderungen stehen, die ihm sein sich immer weiter ausdehnendes Bewußtsein und die ebenfalls erweiterte Gehirntechnologie bescheren.
Zum Schluß ist der einzige Gott, den ein denkender Mensch noch verehren kann, der Gott des Willens.

Die beiden für uns wichtigsten Faktoren sind Bewußtsein und Spannung. Wenn Sie erst einmal geübter in der Tiefentspannung sind, werden Sie merken, daß Sie durch die Fähigkeit, Ihren Geist neu zu programmieren, die vollkommene Kontrolle über Ihr Leben erlangen. Dazu müssen Sie jedoch zuerst lernen, alle unnötigen Spannungen und Stressfaktoren abzubauen.

Sicher kann man sagen (und so ist es meistens auch), daß die Mehrzahl unserer Probleme durch das mangelnde Bewußtsein von unserer Programmierung und die Überzeugung entsteht, wir müßten unseren Zustand mehr oder weniger hilflos akzeptieren. Jetzt sind wir mit dem Problem konfrontiert, uns unserer Programmierung bewußt zu werden und die Bereitschaft zu entwickeln, alles das zu ändern, was unserem Roboter so lieb ist.

Das Dasein selbst beruht (bis jetzt) auf dem Konflikt zweier einander entgegengesetzter Kräfte. Psychologische Untersuchungen haben nachgewiesen, daß Spannungen sowohl durch angenehme als auch durch deprimierende Erfahrungen entstehen. Spannung ist ein Lebensfaktor – und nicht unbedingt ein schlechter. Stress und Spannung sind nicht nur ein integraler Bestandteil des Lebens, sie scheinen oft sogar das ganze Leben zu sein. Um allerdings die Bewußtseinsveränderungen einzuleiten, die zur Selbstprogrammierung notwendig sind, müssen wir mit Hilfe wirksamer Techniken die Spannung vermindern. Ein ruhiger Geist ist die Voraussetzung für eine Umprogrammierung. Diese Ruhe stellt sich bei der Meditation ein, auch wenn das gar nicht in der Absicht des Meditierenden lag. Vergegenwärtigen Sie sich im Geiste Ihr Ziel und die Gründe dafür: den Körper von den Fußangeln des Verstandes zu befreien und den Verstand dem unkonditionierten Willen zu unterwerfen.

Die Meditation ist so alt wie die Zeit, nur hat jede neue Generation wieder andere Bedürfnisse als die vorhergehende, so daß das Ziel neu definiert und die Technik modifiziert werden muß.

Die Energie-Meditation ist eine solche modifizierte Methode und vereint in sich östliche und westliche Denkweisen. In zwanzig Übungs- und Forschungsjahren wurde eine Methode entwickelt, die all denen zugute kommen sollte, deren Ziel die «willentliche Veränderung des Denkens» ist.

Die EM ist eine sensorisch tonisierende (Muskel-) Technik, die der Tatsache Rechnung trägt, daß Spannung Denken ist und Denken Spannung. Jeder Gedanke hat seine nervlich-sinnlich-muskuläre Entsprechung. Umgekehrt kann jede Spannung in einen Gedanken umgewandelt werden. Jedes Zucken, jeder Sinnesreiz übermittelt einen Gedanken oder eine Bedeutung.

TUT
EIN
RUHIGER
GEIST
NOT?

Seit dem Uranfang meditativer Praktiken heißt es, der denkende Geist sei das letzte Hindernis auf dem Weg zur Erleuchtung. *(Damit ist nicht gesagt, daß der Geist von Übel oder eine destruktive Kraft wäre. Vielmehr bedeutet es, daß der Geist, sobald er einmal auf ein Programm eingestellt ist, automatisch weiterläuft und nur schwer umzulenken ist. Für eingehendere Informationen zu diesem Thema siehe* Der Neue Prometheus *von Robert A. Wilson, rororo transformation Nr. 8350, insbesondere den Abschnitt «Was der Denker denkt – beweist der Beweisführende».)* Das Haupt-Abfallprodukt des Geistes, das Denken, muß verwertet werden, um schließlich den «Geist» selbst umzuprogrammieren, und zwar nicht nur inhaltlich, sondern auch in der «Art und Weise», wie er operiert. Daraus folgt, daß der Geist durch den Abbau aller überflüssigen Spannungen von seinen einprogrammierten Gedanken befreit wird. Dadurch wird wiederum die Aufgabe der Umprogrammierung von EGO und GEIST Transzendenz) erleichtert. Wenn der Geist gedankenleer werden soll, muß erst die gesamte Sensorik und Muskulatur spannungsfrei oder die Spannung zumindest verringert sein. Auf die Praxis bezogen, ergeben sich hieraus schwerwiegende Konsequenzen. Während einerseits Meditieren Spannungen abbaut, können andererseits Spannungen die Meditation behindern. Darum bleibt die Konzentration auf ein Mantra immer relativ unbefriedigend. Das ist eins der folgenschwersten Probleme, mit denen sich die Energie-Meditation befaßt. Die Versenkung in ein Mantra ist zwar zu Anfang und auf den Zwischenstufen der Meditation notwendig, aber wahre Gedankenleere, wahre Unsterblichkeit wird nur erlangt, wenn alle Spannungen, Gedanken und Bilder endlich verschwunden sind. Eine wirkliche Verschmelzung mit dem universalen Programmierer (Learys «höheren Schaltkreisen») findet nur statt, wenn die niederen Schaltkreise «frei» sind und nicht das Übergewicht haben. Was wir im allgemeinen Ich – Du – Ego nennen, sind festgefügte Systeme miteinander verknüpfter, interaktiver Spannungen. Sie sind einmal bis zu einem gewissen Grad die notwendige Voraussetzung für das normale Leben innerhalb der heutigen Gesellschaft, andererseits jedoch Rivalen des wahren bewußten Willens.

DER ABBAU VON
GEDANKEN UND SPANNUNGEN

Die Energie-Meditation baut Spannungen und Denkvorgänge ab, so daß der Forscher in seinem LAB vollkommen gedankenleer werden und sich mit dem Bewußtsein vereinigen kann. Dieser Zustand ist eine hervorragende Vorstufe für die Reprogrammierung des Verstandes.

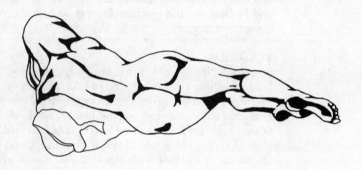

Da wir nicht noch mehr Gedankenspannung verursachen wollen, werden wir unsere Methode diesmal weder mit anderen vergleichen noch ihnen gegenüberstellen. Wir halten uns an Fakten, die sich letzten Endes nur in Ihrem LAB für Sie – und durch Sie – erhärten. Glauben Sie nicht eher an diese oder irgendeine andere Theorie, die einmal als schlüssig bewiesen wurde, als bis Sie die Probe aufs Exempel gemacht und Beweise für ihre Richtigkeit gefunden haben. Aber denken Sie an Wilsons «Was der Denker denkt – beweist der Beweisführende».

GEISTESGESCHWÄTZ
UND
SUBVOKALE SPANNUNGEN

Ehe wir uns mit dem ersten Teil dieser Technik befassen, will ich Sie noch auf ein paar Punkte hinweisen. Beständiges geistiges Schwatzen oder Denken erzeugt Spannungen. Wenn Sie denken, bewegt sich mit jedem Gedanken, der Ihnen durch den Kopf geht, Ihr Kehlkopf ganz leicht, und nicht nur der Kehlkopf, sondern auch Kiefer, Zunge und Augen. Es entsteht also wirklich, wie bereits erläutert, ein leichter Spannungszustand, sobald wir denken. Um die echte geistige Leere zu erreichen, müssen wir uns folglich erst die Spannungen in Gesicht, Hals und Nacken bewußt machen, die mit dem Denken zusammenhängen.

VERSUCH I
Setzen oder legen Sie sich an einen ruhigen Ort, und lassen Sie Ihren «Gedanken» freien Lauf. Achten Sie darauf, wie und wo Sie den Denkvorgang als solchen erleben. Stellen Sie fest, welche Bewegungen und Spannungen im Bereich von Gesicht, Nacken und Hals auftreten. «Denken» Sie nach Abschluß dieser Übung an etwas Unangenehmes, und beobachten Sie, ob ein Unterschied zu bemerken ist. Versuchen Sie jetzt an etwas Angenehmes zu «denken», und stellen Sie die gleichen Beobachtungen an. Machen Sie, sobald Sie sich über diese Vorgänge vollkommen klar sind, den nächsten Versuch.

VERSUCH II
Legen Sie sich hin und rühren Sie sich nicht. Atmen Sie ganz normal, und halten Sie die Augen geschlossen. Registrieren Sie nun 15 Minuten lang jede Sinneswahrnehmung und Muskelzuckung in Ihrem Körper, und beschreiben Sie sie laut. Machen Sie sich bewußt, daß überall um Sie herum und in Ihnen Spannungen bestehen.

Diese beiden Experimente sollten Sie in einer Woche

dreimal durchführen, damit Sie erkennen, daß Spannung Denken ist – und Denken Spannung. Sie brauchen dafür 45 Minuten – für jeden Versuch 15 Minuten. Wenn Sie Ihren Kehlkopf bzw. die Gesichtsbewegungen nicht spüren oder beim zweiten Versuch rein gar nichts merken, sollten Sie die Versuchszeit aufs Doppelte verlängern.

METHODE I

1. Schritt: Setzen oder legen Sie sich hin. Schneiden Sie Grimassen – spannen Sie alle Muskeln Ihres Gesichts an. Öffnen Sie Ihren Mund, so weit Sie können, und schieben Sie den Unterkiefer hin und her. Reißen sie gleichzeitig die Augen möglichst weit auf. Bewegen Sie die Augen nach oben und unten, rechts und links. Dadurch werden Spannungen und zugleich unkontrollierte, externe Gedanken abgebaut, die ihre Ursache in diesem Bereich haben. Schneiden Sie die unterschiedlichsten Gesichter. Tun Sie das etwa 2 bis 3 Minuten lang. *(Vorsicht: Diese Übungen sollen zwar letztlich bestimmte Denkmuster abbauen und auslöschen, aber bei manchen Menschen tauchen plötzlich aus «versteckten» Tiefen des Geistes immer neue Gedanken auf. Sollte das bei Ihnen der Fall sein, machen Sie sich keine Sorgen, denn es ist ein schöner Anlaß für einen «geistigen Hausputz».)*

2. Schritt: Summen und Plappern – summen Sie aus tiefster Brust vor sich hin. Summen Sie entweder die Silbe OM oder einfach nur HMMM. Machen Sie das 1 bis 2 Minuten lang. Nehmen Sie nun Ihre Zunge zu Hilfe und plappern Sie – DADA – BLABLABLA. Schieben Sie den Unterkiefer so weit wie möglich vor, und summen und plappern Sie dabei weiter. Lassen Sie sich dafür 2 bis 3 Minuten Zeit.

3. Schritt: Schultern an die Ohren – Ziehen Sie Ihre Schultern hoch, als wollten Sie Ihre Ohren erreichen. Wenn die Schultern ermüden, lassen Sie sie möglichst tief herunterfallen. Wiederholen Sie diese Übung dreimal in Abständen von 2 bis 3 Minuten.

4. Schritt: Nasenatmung – Atmen Sie mit geschlossenem Mund tief in die Brust ein, während Sie den Bauch nach oben ziehen. Achten Sie darauf, daß Sie auch wirklich den Bauch einziehen. Halten Sie die Luft an, während Sie bis 7 zählen, und lassen Sie dann den Brustkorb einfach einfallen und den Bauch locker. Wiederholen Sie diese Übung 10- bis 20mal. Zählen Sie stets noch einmal bis 7, ehe Sie von neuem einatmen.

5. Schritt: Kopfdrehen – Nehmen Sie sich jetzt Ihren Kopf vor, und drehen Sie ihn seitlich nach rechts und links, so weit Sie können. Machen Sie diese Übung 2 bis 3 Minuten lang.

6. Schritt: Beinestrecken – Legen Sie sich auf den Rücken, heben Sie die Beine etwa 10 cm vom Boden ab und strecken Sie sie aus. Halten Sie durch, solange es geht, und lassen Sie sie danach fallen. Wiederholen Sie diese Übung 2- bis 3mal.

7. Schritt: Hecheln – Atmen Sie rasch mit leicht geöffnetem Mund. Tun Sie das 2 bis 3 Minuten lang.
Legen Sie sich nun hin und spüren Sie Ihren Körper – ungefähr 10 Minuten lang. Registrieren Sie jeden einzelnen Sinnesreiz. Nehmen Sie jetzt Ihre Meditationshaltung ein, wobei Sie unbedingt beachten sollten, daß:

a) Ihre Augenlider nicht fest geschlossen, sondern nur entspannt sind;

b) Ihr Kinn locker und spannungsfrei ist. Das können Sie dadurch feststellen, daß Sie die Zunge herauszustrecken versuchen; wenn Sie dazu den Kiefer bewegen müssen, war er verspannt. Achten Sie darauf, daß Sie die Stirn nicht in Falten ziehen. Konzentrieren Sie sich, sobald Sie entspannt sind, auf Ihr Mantra oder einen anderen Meditationsgegenstand. Sollten Sie keins von beidem haben, ist Regardies Mantra-Band oder einfach die Silbe OOOOOOOOMMMMMMMM zu empfehlen. Wer zu seiner Meditation spezielle Bilder oder Konzentrationshilfen wünscht oder benötigt, darf uns gern schreiben.

c) Passen Sie auf, daß Ihr Hals nicht durch eine falsche Kopfhaltung verspannt ist. Ihr Kopf sollte gerade aufgerichtet sein. Halten Sie, um das Denken zu vermindern, die Augen entspannt und ruhig, und lassen Sie Ihre Zunge locker am Gaumen vor den oberen Schneidezähnen liegen. Bewegen Sie den Kehlkopf nicht und entspannen Sie unbedingt Ihr Kinn. Meditieren Sie vor den Mahlzeiten oder lassen Sie nach einem üppigen Mahl mindestens 2 bis 3 Stunden verstreichen. Auch sollten Blase und Darm entleert sein, bevor Sie an die Arbeit gehen.

WIEVIELMAL AM TAG

ÜBERTRETEN

SIE DAS GESETZ?

Tue was du willst soll das ganze Gesetz sein.
– Ich habe eine wichtige Zeile ausgelassen. – Welche?
Der Mensch hat das Recht, nach seinem eigenen
Gesetz zu leben.
Der Mensch hat das Recht, so zu leben, wie er will.
Der Mensch hat das Recht, sich so zu kleiden, wie er
will.
Der Mensch hat das Recht, dort zu leben, wo er will.
Der Mensch hat das Recht, auf der Erde zu wandeln,
wie er will.
Der Mensch hat das Recht, zu essen, was er will.
Der Mensch hat das Recht, zu trinken, was er will.

Der Mensch hat das Recht, zu denken, was er will.
Der Mensch hat das Recht, zu reden, wie er will.
Der Mensch hat das Recht, zu schreiben, wie er will.
Der Mensch hat das Recht, zu formen, wie er will.
Der Mensch hat das Recht, zu behauen, wie er will.
Der Mensch hat das Recht, zu arbeiten, wie er will.
Der Mensch hat das Recht, auszuruhen, wie er will.
Der Mensch hat das Recht, zu lieben wie er will, wo, wann und wen er will.
Der Mensch hat das Recht, zu sterben, wann und wie er will.
Der Mensch hat das Recht, die zu töten, die ihm diese Rechte nehmen wollen.
Meister Therion

Meister Therion ist ein Sklavenbefreier. Es leuchtet ein, warum er von den Dogma-Süchtigen und -Händlern gehaßt wird.
Diese Gesetze sind ein Ausdruck aufgeklärter Anarchie! Das heißt, ohne Diktatoren zu leben, falls Sie sich das vorstellen können. Diktatoren wissen, daß die «Menschen» auf alles fliegen, was nach ORDNUNG aussieht, auch wenn es noch so erdrückend ist, statt auf etwas, das nach Freiheit aussieht. Die Lösung — sag ihnen, sie sind frei — zeig ihnen, daß sie — Sklaven sind.

Als weiterführende Literatur zu diesem Thema sind zu empfehlen Robert A. Wilsons *Masken der Illuminaten* und *Tao Te King*.

Kapitel IV

DOGMA-JUNKIES

**Dogmen sind Drogen —
und du bist dogmensüchtig.**

«Herr Doktor, was ist denn ein Dogma?» «Nun, dogmatisch sind Sie, wenn Sie so tun, als wären Sie im Besitz der absoluten Wahrheit. Worte ähnlicher Art sind – diktatorisch, halsstarrig, egoistisch, bigott, fanatisch, intolerant, schulmeisterlich, anmaßend, arrogant, dumm, despotisch usw.»

DOGMA-GEBRAUCH UND -MISSBRAUCH
Vom Tag Ihrer Geburt an sind Sie von *Ihren Dogma-Junkies* mit Dogmen gefüttert worden. Jetzt sind Sie dogmensüchtig – süchtig wie ein Heroinsüchtiger, mit dem Unterschied, daß *Ihre Sucht allgemein verbreitet ist und daher unbemerkt bleibt.*

Wie ein Heroinsüchtiger bekommen Sie Entzugserscheinungen, wenn Ihnen jemand Ihr Dogma wegnehmen will. Dann bekommen Sie einen ÜBERLEBENS-ANFALL (auch Angst oder Furcht genannt — manch einer tötet, wenn ihm sein Dogma genommen wird).

Im Gegensatz zu Heroin kosten Dogmen nichts –
und sind überall zu finden. Sie nehmen die zweite
Stelle ein unter den umsonst erhältlichen Gütern
der Welt. Sie können Dogmen-Kontakte suchen,
ohne befürchten zu müssen, dafür eingesperrt zu
werden. Letztlich werden Sie für die Verbreitung des
Stoffs sogar noch belohnt. Dogmen sind das LSD des
– (Status quo) –, und wie LSD – erzeugen Dogmen
Halluzinationen, die wir alle miteinander teilen.

Das Dogmatisieren hat eine solche Bedeutung, daß
eigens Institutionen zum Schutz und zur Verbreitung der Droge eingerichtet worden sind.

WENN SIE AUSWÄRTS ESSEN GEHEN, BESTELLEN SIE DOGMEN

«PREISWERT ZU HABEN»

Wenn jemand bemerkt, daß Sie auf Dogmen-Entzug gehen (Ihrem eigenen wahren Willen folgen), werden Sie gleich therapiert – sei es mit Sympathie, Elektroschocks oder, wie in Timothy Learys Fall, mit dem Kerker.

Dogma (wer rückwärts buchstabieren kann, wird feststellen, daß Dogma amGod, verdeutscht also «bin Gott», lautet) ist eine Notwendigkeit für die Erhaltung und den Schutz derer an der Macht.

DOGMEN-SPEED

Der Stoff ist schneller als Licht. Wenn das Tempo des Dogmennachschubs niedriger ist als das der Veränderung, kann es zum Nervenzusammenbruch kommen. Sobald das geschieht, werden verzweifelte Anstrengungen unternommen, frisches Dogma zu finden, um die Lücke zu füllen. Unser Gesellschaftssystem verfügt über lauter gute Connections, angefangen beim Psychiater, der auf Dogmen-Zusammenbruch und -entzug spezialisiert ist, über

Funk und Fernsehen, Liebesaffären, Konsumrausch, Kriege, Krankheit, wirtschaftliche Katastrophen und Chaos bis hin zu Gegenkulturen, Gesetzen, moralischen Geboten usw.

DIE SCHAFFUNG EINES DOGMEN-ABSATZMARKTES UND -ZAHLUNGSVERKEHRS

«Überlebensanfälle» können von den Status-quo-DEALERN in Ihr System einprogrammiert werden. Dealer regen Überlebensanfälle an, unterstützen und nähren sie, damit sie Ihnen ihre Hilfe angedeihen lassen können. Sie bringen Sie sachte in Ihren ausgewogenen Zustand des DOGMA-HIGHs zurück. Dadurch erhalten sie in Ihrer DOGMEN-BANK Kredit (Schuldgefühle, Angst und «Verpflichtetsein»), auf den sie später pochen können – insbesondere für den Fall, daß sie von Ihnen einen persönlichen Einsatz wider Ihr besseres Wissen brauchen (z. B. sich in einer DOGMEN-SCHLACHT– in Kriegen, Aufständen usw. – umbringen zu lassen).

INTELLIGENTES DOGMA

Die fortschrittlichsten DOGMEN-JUNKIES sind natürlich die gebildeten Süchtigen. Sie «WÄHLEN» sich ihr – DOGMA – sorgfältig aus, selbstverständlich ohne zu wissen, daß sie abhängig sind.
Sie beurteilen sich selbst und andere nach den Lo-

gik-Vernunft-Gerechtigkeitsbegriffen ihres DOG-
MAS und – dem gebräuchlichen Drum und Dran
(Stil, Konventionen, gesunder Menschenverstand,
guter Geschmack und dergleichen Dinge, in denen
man übereinstimmt).

SCHIEBER UND DEALER

Dogmen-Schieber und -Dealer haben unterschiedli-
che Größe und Form, aber mindestens 25 Prozent
der Kultur ist damit beschäftigt, DOGMEN im Di-
rektvertrieb kostenlos weiterzugeben. Die übrigen
75 Prozent regeln die Nachfrage und verkaufen den
Stoff mit ordentlichem Gewinn. Dogmen-Dealer
widmen sich ständig dem Verkauf, der Kontrolle
und Monopolisierung des Marktes. Wenn Sie preis-
bewußt einkaufen, bekommen Sie bei vielen Ra-
batt.

Wenn bessere Lehrmeinungen an die Stelle überhol-
ter Dogmen zu treten drohen, bekommen die alten
Dealer einen Überlebensanfall. Ohne große Warnung greifen sie an, töten, inhaftieren, verbannen
oder, wie gelegentlich der Fall, heilen – ein anderes
Wort für Gehirnwäsche. Der letzte Schrei auf diesem Gebiet ist eine Neuentwicklung in der UdSSR,
die als Heilbehandlung ausgegeben und
in aller Öffentlichkeit angewandt wird.
Statt diejenigen, die der Dogmensucht
entgehen wollen, zu ermorden oder zu
foltern, werden sie jetzt behandelt. Ein
Kranker ist jemand, der bei der falschen
Person oder Gruppe einen Überlebens-
anfall (ein Bedrohungsgefühl) ausgelöst
hat. Geschieht das, so werden die «Ex-
perten» zusammengerufen, um die
Behandlung auszuarbeiten, durch die
dem Opfer «geholfen» werden kann,
wieder gesund zu werden (DOGMEN-
KONSUM).

 Die Behandlung verhilft dem Patienten ferner zur Rückgliederung ins Ge-
sellschafts-SYSTEM (d. h. nützlich, vor-
hersagbar, gelangweilt usw. zu sein).

Auf der Suche nach Dogmen finden wir Menschen, die verzweifelt von Ort zu Ort, Mensch zu Mensch, Theorie zu Theorie, Zweifel zu Zweifel, Leid zu Leid, Hochgefühl zu Hochgefühl rennen. Sie tun alles nur Erdenkliche, um Entzugserscheinungen und Überlebensanfällen vorzubeugen. Damit sie sich untereinander verständigen können, brauchen sie eine Dogmen-Sprache. Ich stelle Ihnen hier eine kleine Auswahl der Begriffe vor:

1. VERSTOPFTE DOGMATIKER

Das sind diejenigen, die aus Loyalität zu der betreffenden Connection Junkie-Schecks von den Dealern annehmen. Sie sind auch als Beamte und Angestellte des Staates und der öffentlichen Unternehmen bekannt.

2. DURCHFALLKRANKE BIN-GOTT

Hierbei gibt es zwei Gruppen: a) die Forscher und Vermarkter, b) die kurz vor ihrer Abwahl stehenden Amtsträger.

3. DOGMEN-FUTTER

Eltern und solche, die es werden wollen.
Die meisten Menschen verlieren das, was von ihrem
Erkundungsdrang noch übrig war, wenn sie Eltern
werden. Manche sagen, es sei wie der letzte Nagel
zum Sarg. Das muß natürlich nicht sein, aber meistens trifft es zu.

Du sollst aufnehmen und abspielen

4. ROHSTOFF FÜR DOGMEN
Kleinkinder, Kinder und Halbwüchsige.

5. DOGMEN-HACKER

Leary, Crowley, Wilson, Regardie und viele andere. Siehe auch Timothy Leary: *Die Intelligenzagenten*.

6. JUNKIES

Jeder, außer Ihnen natürlich.

7. DOGMEN-STREIFE.
Solche mit und ohne Uniform. Wir sind in diesem Land mit einer Vielzahl von Dopos (Dogmen-Polizisten) gesegnet. Sind Sie einer davon? Dann lassen Sie es mich bitte wissen, damit ich Sie in meinem nächsten Buch zu Wort kommen lassen kann.

8. HEILER.
Jene Zunft, die Sie wieder einzugliedern versucht, wenn Sie endlich selbständig zu denken versuchen.

9. DOGMEN-SCHRIFTGELEHRTE.
Sie diskutieren das Für und Wider von allem und jedem. Meistens schaffen sie mehr Probleme, als sie lösen. Das verbessert ihr Einkommen, sind sie doch der Allgemeinheit als Juristen und Politiker nur allzu bekannt.

10. BIN-GOTT. Die Lehrer des Selbsthasses. Hierzu gehören vor allem die, deren Wortschatz zu 75 Prozent und mehr aus Wörtern und Phrasen von der Art «richtig, falsch, sollst, sollst nicht, darfst, darfst nicht usw.» besteht.

11. DOGMEN-GESUNDHEIT. Demokratisch begründete Dogmen. Die magische Fähigkeit, das Höchste zum Niedrigsten herabzuwürdigen. Um A. C. zu zitieren: «Für eine aufgeklärte Demokratie spricht als einziges Argument, daß sie die souveränen Bürger noch besser zu narren vermag als andere Staatsformen.»

12. EHE. Die reife Leistung, Liebe und Triebe in Langeweile umzuwandeln. Ein Vertrag, durch den festgelegt wird, daß Sie die schäbigen Gewohnheiten usw. eines anderen Menschen respektieren müssen.

13. FREIE LIEBE. Sex, der nicht durch Langeweile belohnt UND von Beobachtern abgesegnet wird.

14. HOFFNUNGSVOLL. Das letzte Dogma.

15. HOFFNUNGSLOS. Abgenutztes Dogma.

16. DOGMENTAGE. Nationalfeiertage, an denen Roboter mehr Freizeit ohne Aufsicht genießen dürfen.

17. SLUMMEN. Ins Dogma eines armen Slumbe-
wohners eindringen.

18. DOGMEN-KOST. Ich geb dir was kostenlos,
wenn du mein Dogma konsumierst. Wird auch
Politik genannt.

LEX — I — KONS — AUF REZEPT

Kürzlich habe ich einen Brief erhalten von einem
Mann, der bei der Dogmen-Kontrolle arbeitet. Diese
ehrenamtliche Körperschaft einer unaussprechli-
chen Religion schlug mir vor, doch an einem Che-
mie-Kontrollprojekt mitzuwirken. Sie glaubt, daß
Chemikalien den Geist unserer Jugend zersetzen.
Ich gebe meine Antwort hier wieder:

Dr. Wurmig Willi Weiß
Chemie-Kontrollbunker
Wiedergeburtsstraße
Unterdrückfeld

Sehr geehrter Herr Dr. Dr. Weiß,

herzlichen Dank für Ihren Brief mit der Bitte an
mich, die örtliche Leitung Ihres an sich lobenswer-
ten Projektes zu übernehmen. Leider muß ich Ihnen
aber eine Absage erteilen.

Ich bin augenblicklich zu sehr mit meiner eigenen
Rettungskampagne beschäftigt. Meine Arbeit dreht
sich um die Tatsache, daß Worte die chemische
Zusammensetzung der Mikrozellen im menschlichen Gehirn verändern. Bereits vor vielen Jahren ist
nachgewiesen worden, daß alles Lernen chemische
wie auch physikalische Hirnveränderungen hervorruft. Das Gehirn wächst und verändert beim Lernen
seine Mikroformen. Das gilt besonders für die frühe
Kindheit und Jugend.

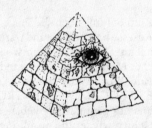

Darum ist mein Krieg gegen Drogen ein Krieg gegen
Worte. Worte sind Chemikalien – während Sie meine
Worte lesen, verändern diese die Form Ihres Gehirns. Vielleicht möchten Sie hier lieber innehalten,
denn wer weiß, welche Folgen sich einstellen. Meine
Forschungen mit Hirnsonden und Mikrofotografie
lassen darauf schließen, daß Kinder, die lernen, sich
selbst zu hassen, Schuld- und Angstgefühle zu haben und ihren Sexualtrieb zu unterdrücken, ganz
bestimmte Mikro-Hirnwellenmuster aufweisen,
deren Strukturen anders und weniger flexibel sind

119

als diejenigen von Kindern, die nicht zu Selbsthaß, Verdrängung und emotionaler Gewalt erzogen werden.

Sie wollen sicher statistische Beweise dafür, und als Wissenschaftler bin ich verpflichtet, die Wahrheit zu sagen. Die hirngeschädigte Gruppe setzte sich aus 1000 wahllos aus verschiedenen religiösen Organisationen dieses Landes gekidnappten Personen zusammen. Gekidnappt wurde während der chemischen Runderneuerung, das heißt beim Sonntagsgottesdienst. Die Kontrollgruppe wurde sorgfältig aus dem Garten der Lüste ausgewählt. Nach den Ergebnissen (bei einer Fehlerwahrscheinlichkeit von 1 zu 10 000 000) zu urteilen, haben diejenigen, die dem Sonntagsgottesdienst beiwohnen, eine andere Mikro-Hirnzellenstruktur als diejenigen, die sich im Garten der Lüste amüsieren – die betreffende Dogmenart ist offenbar gesundheitsschädlich. In meinem Bemühen, diese Seuche einzudämmen, habe ich es auf mich genommen, überall im Lande DOGMEN-KONTROLLZENTREN einzurichten.

Zum Schluß noch die Frage an Sie, wie Sie meine Adresse bekommen und warum Sie mir geschrieben haben. Sie wissen doch wohl, daß wir gegensätzlicher Meinung sind? Anstandshalber will ich Ihnen eine Woche kostenlosen Aufenthalt in unserem ENT-WICKLUNGSZENTRUM anbieten. Wenn wir uns nur genug Mühe geben, denke ich, daß wir Ihr Gehirn wieder in Form bringen könnten.

Amen — Bemen usw. usw.

PS: Haben Sie jemals die Aleph-Lamed-Stellung ausprobiert?
PS 2: Seien Sie vorsichtig mit dem, was Sie lesen, es könnte Ihr Gehirn verändern!

Tschü-üß!

Noch vor Drucklegung des Buches habe ich einen weiteren Brief erhalten, was meinen Sie, von wem? Ich gebe ihn hier einschließlich meiner Antwort wieder. Soll der Leser entscheiden, wer von uns die besseren Argumente hat.

Sehr geehrter Herr,

Ihr Brief von neulich ist gerade in meinem Büro angekommen; auf Anordnung des Verwaltungsrates der Heiligen Schriftgelehrten des Apostel Paulus setze ich Sie hiermit davon in Kenntnis, daß sowohl Ihr Buch als auch Sie selbst in unsere Liste aufgenommen worden sind.
Wir kaufen jedes Exemplar Ihres Buches auf und übergeben es unserer Verbrennungsanlage. Wir glauben, daß «Leute» wie Sie, wenn Sie überhaupt so bezeichnet werden können, die moralische Substanz dieses Landes zersetzen mit ihrer Behauptung, die Leute sollten und könnten ihr Hirn nach ihrem eigenen wahren Willen ändern. Wir hoffen, daß unsere Maßnahmen diesen Punkt ein für allemal klarstellen.
Im Namen unseres Herrn,

Dr. Weiß

ANTWORT

Sehr geehrter Herr Dr. Weiß,

lassen Sie mich zuerst eine dumme Frage stellen. Wie sieht eine moralische Substanz aus? Zweitens werden Sie sich, wenn Sie mein Buch gründlich gelesen haben, daran erinnern, daß, wer immer die Zahl verkaufter Bücher am genauesten schätzt, eine Woche mit dem Autor verbringen darf. Ich glaube, Sie sind der Gewinner! Anbei ein Greyhound-Busticket und 25 Dollar Taschengeld. Bitte geben Sie mir zwei Wochen vorher Bescheid, damit ich Ihr Zimmer in Ordnung bringen kann. USW. USW.

Infolge dieses Austausches erschien Herr Dr. Wurmig Willi Weiß am 12. Oktober bei mir zu Hause. Er verbrachte ein herrliches Wochenende in der Sonne. Ich zeigte ihm die Aleph-Lamed-Stellung und besorgte ihm einen Übungspartner. Inzwischen leitet er unser Alphabet-Versuchszentrum und arbeitet zur Zeit mit der Resh-Yod-Stellung.

Eine Frage: Was im Brief von Dr. Weiß hat mich auf die Idee gebracht, ich könnte ihn ent-wickeln?

Wenn alle Schönheit stirbt,
dann stirbt auch der Mensch.

METHODE 2

Inzwischen müßten Sie die erste Übungsstufe bereits hinter sich haben und sich Ihrer tiefersitzenden Spannungen bewußt geworden sein. Ehe Sie nun zur zweiten Übungsstufe übergehen, sollten Sie Blase und Darm entleert und nichts im Magen haben.

LEGEN SIE SICH AUF DEN RÜCKEN
Atmen Sie 10- bis 15mal tief ein und spüren Sie, wie die Luft vom Bauch aufwärts im Körper ansteigt. Versuchen Sie, sich all der Muskeln bewußt zu werden, die Sie beim Atmen anspannen. Stehen Sie dann langsam auf. Stehen Sie aufrecht und zählen Sie bis 3. Lassen Sie bei 3 Ihren Oberkörper aus der Taille herunterklappen. Fallen Sie nicht, lassen Sie einfach nur den oberen Teil Ihres Körpers ganz ohne jeden Zwang von der Schwerkraft herunterziehen. Wiederholen Sie diese Übung 10- bis 20mal. Holen Sie danach ein paarmal tief Luft, und spüren Sie, welche Wirkung diese Übung auf Sie hatte. Achten Sie darauf, ob Sie Ihre Beckenregion spüren können. Wiederholen Sie jetzt die Übung, indem Sie diesmal beim Herabfallen schnell ausatmen und beim Wiederaufrichten langsam einatmen. Wiederholen Sie auch diese Version 10- bis 20mal, und machen Sie sich dabei die Sinneswahrnehmungen in Ihrem Körper bewußt.

LEGEN SIE SICH AUF DEN RÜCKEN
Atmen Sie ein – und ziehen Sie dabei langsam Ihre Knie zur Brust hoch; atmen Sie dann aus, und stoßen Sie die Füße so weit und so schnell Sie können von sich. Diese Übung machen Sie am besten im Bett, oder Sie legen ein paar Kissen an die Stelle, auf die Ihre Beine bzw. Füße fallen. Wiederholen Sie die Übung, bis Sie müde werden, und warten Sie dann,

bis die Atmung wieder normal ist. Fangen Sie, sobald das der Fall ist, von vorne an, aber versuchen Sie diesmal, Ihre Beine ein, zwei Sekunden lang ausgestreckt hochzuhalten, ehe Sie sie fallen lassen. Halten Sie diese Übung 1 bis 2 Minuten durch und entspannen Sie sich dann wieder.

«Spüre und fühle»

Atmen sie nun ein – und beim Ausatmen schreien Sie – schreien Sie – schreien Sie oder, wenn Sie ein Mann sind, brüllen Sie – brüllen Sie – brüllen Sie. Wiederholen Sie diese Übung mindestens fünfmal. (Wenn Sie verhindern wollen, daß Ihre Freunde und Nachbarn Sie für verrückt halten und die Polizei anrufen, könnten Sie in ein Kissen schreien oder brüllen – je nach Geschlecht.)

Legen Sie sich jetzt auf den Rücken, und versuchen Sie die Energien zu erspüren, die um und in Ihrem Körper kreisen. Konzentrieren Sie sich 5 Minuten auf diese Bewegung der Lebenskraft. Arbeiten Sie nach Beeendigung dieser Übung mit Ihrem eigenen oder mit einem von Israel Regardie auf Band aufgenommenen Mantra. Nach den vorangegangenen Übungen müßten Sie jetzt total darauf abfahren! Sollten Sie Ihr eigenes Mantra bevorzugen, nehmen Sie es mindestens 20 Minuten lang hintereinander auf Band auf und spielen Sie es dann während Ihrer Meditation ab – Methode 2 soll keineswegs den Platz von Methode 1 einnehmen, sondern den Versuch nur vertiefen. Wenn Sie wollen, können Sie sich über Ihre Erfahrungen Notizen machen oder Tagebuch führen. Es gibt keine Abkürzungen, gehen Sie also mit Ernst an die Sache – über sich lachen können Sie später –, es sei denn, Sie brechen ganz unwillkürlich in Gelächter aus. Bleiben Sie nach Beendigung dieses Experiments möglichst 10 bis 15 Minuten allein. Essen und trinken Sie nichts, entwickeln Sie vor allem ein Gespür für Ihre Sinneswahrnehmungen.

Kapitel V

ORGANERSATZ FÜR ALLE

HOFFNUNG –

WUNSCHDENKEN – REALITÄT?

Es wirft einen glatt um – (O NEIN! Nicht schon wieder!) –, sich klarzumachen, daß noch im Jahre 1633, vor nicht einmal 400 Jahren, Galilei vor die Inquisition zitiert und von ihr gezwungen wurde, seine Behauptung zu widerrufen, die Sonne sei das Zentrum unseres Solarsystems, um das die Erde herumkreise, statt umgekehrt. Dabei war sein Schwur eine reine Notlüge, denn später widerrief er sein Dementi wieder. Er war und blieb ein wissenschaftlicher Ketzer. Als Profesor an der Universität von Pisa hatte er Ende des 16. Jahrhunderts als erster Versuche durchgeführt, um die Gesetze von in Bewegung befindlichen Körpern zu erforschen.

Diese standen im Widerspruch zu den Lehren von Aristoteles, dem griechischen Philosophen, dessen im 4. Jahrhundert v. Chr. entwickelte Theorien noch immer einen unglaublichen Einfluß auf das abendländische Denken haben. Die Experimente von Galilei und Kopernikus öffneten eine Tür zur wissenschaftlichen Welt, durch die ein paar frische Ideen Einlaß finden könnten. Doch die aristotelischen Lehren sind so tief eingewurzelt, daß die meisten von uns noch heute, ohne es überhaupt zu merken, von dem geprägt sind, was er postuliert hat.

So starr sind die geistigen Strukturen, daß das aristotelische Dogma erst vor wenigen Jahrzehnten ernstlich in Frage gestellt wurde. Dabei zeigt sich schon bei flüchtiger Beschäftigung mit dessen Prämissen, wie trügerisch seine Annahmen sind, die doch jahrhundertelang das wissenschaftliche und philosophische Denken bestimmt haben – und indirekt auch die Denkweise des kleinen Mannes auf der Straße.

Auch die Wirklichkeit, in der wir leben, ist davon geprägt worden, denn Überzeugungen schaffen Wirklichkeiten. Nach Aristoteles war die Philosophie dazu da, gewisse selbstverständliche, unveränderliche Grundprinzipien aufzuspüren, die das Fundament allen Wissens bilden.

Heute jedoch behaupten die Quantenphysiker, daß bereits der Akt der Beobachtung dessen, was wir für die Realität halten, Veränderungen hervorruft.

Während wir sehen, denken oder berühren, was «außerhalb» liegt, gestalten wir die «Wirklichkeit». Der Beobachter ist ein so wesentlicher Bestandteil dessen, was beobachtet wird, daß wir wohl nie etwas anderes kennen werden als eine Alchemie, die Verbindung des «dort draußen» mit uns selbst. Die Philosophie des Aristoteles ist in der heutigen Welt ebenso überholt wie ... (füllen Sie selbst den Leerraum aus). Aber leider bringen seine Ansichten zusammen mit denen seines Lehrers Plato noch immer Generationen von Leuten mit Höhlenmentalität hervor, die nach der Höhlenlogik leben.

FORT MIT DER HÖHLENMENTALITÄT!

Eine der bekanntesten Geschichten Platos ist das Höhlengleichnis. Es ist heute wieder ins Blickfeld geraten, weil es genau auf unsere gegenwärtige Weltsituation zutrifft. Nur allzuviele von uns leben wie Gefangene in jener Höhle, in die seit Ewigkeiten kein Licht eingedrungen ist.

Die darin Befindlichen sahen weder sich selbst noch andere, da sie mit Ketten am Hals gefesselt waren und ihren Kopf nicht drehen konnten. Über und hinter ihnen flackerte ein Feuer, und von den Vorübergehenden nahmen die Gefangenen nur Schatten an der Wand wahr; sie wollten nicht glauben, daß sich die Wirklichkeit von den Schatten unterschied. Wir sind nahezu alle den Gefangenen in einer solchen Höhle vergleichbar – Gefangenen an den Ketten einer Höhlenlogik, die der Mensch immer für wahr hielt, weil sie wahr zu sein scheint. Der Höhlenlogik entsprechend ist das, was wir zu sehen meinen, Wirklichkeit, denn es erscheint uns wirklich. Uns ist nicht bewußt, daß wir von Kindheit an so programmiert worden sind, daß wir nur das sehen, was wir unserer anerzogenen Überzeugung nach glauben, sehen zu müssen. Wie Roboterkinder – oder angekettete Sklaven – sehen und glauben wir fast alle unser ganzes Leben lang nur das, was wir sehen und glauben sollen.

IST SEHEN GEFÄHRLICH?

Wie sowohl Kopernikus als auch Galilei am eigenen Leibe erfahren mußten, als sie sich den Dogmen der Kirche widersetzten, ist es gefährlich, anders zu sein, und es ist noch gefährlicher, etwas WAHRES zu sehen. Alle Ketzer vor und nach ihnen sind zwangsläufig auf diese ERSCHRECKENDE Tatsache gestoßen.

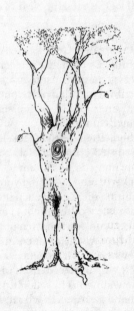

BRILLENWECHSEL –
WAS SEHEN SIE?

"WAS SOLL DAS HEISSEN... TUNNELBLICK?!"

Sie haben – vielleicht – einen kleinen Vorsprung vor dem Gros der Menschen. Sie sehen zumindest die Warnsignale vor den Veränderungen, die so schnell über die Menschheit kommen, daß Alvin Toffler sich in seinem informativen Buch *Der Zukunftsschock* mit der Geschwindigkeit dieser Veränderungen auseinandersetzt. Es wird kaum möglich sein, diese Veränderungen zu überleben und mit dem emotionalen, geschweige denn dem physischen, Trauma fertig zu werden, ohne eine drastische Bewußtseinsveränderung durchzumachen. (Anmerkung: Auch hier wird der Mensch wieder als etwas gesehen, das von äußeren Einflüssen mitgerissen und verändert wird. Ist Ihnen diese Vorstellung angenehm? Jedenfalls trifft sie weitgehend zu.) Das neue Zeitalter braucht neue Menschen, Menschen einer höheren Bewußtseinsstufe und inneren Kraft. Unsere augenblicklichen Dogmen-Modelle werden angesichts der Vision des unsterblichen Menschen, der auf der Schwelle steht, in sich zusammenfallen. Überleben werden nur die Vorausschauenden, die die Vision begreifen und JETZT mit den Vorbereitungen für einen Ritt auf der Welle beginnen, von der sie in eine faszinierende Zukunft getragen werden. Die Natur wird aber keine schleppenden Schritte mehr dulden. Und der erste Schritt heißt, sich zu ENT-WICKELN — JETZT.

An dieser Stelle sollten Sie sich ein paar Minuten Zeit nehmen für einen kurzen Versuch, der Ihnen helfen wird, sich klarzumachen, wie sehr all «Ihre» Ansichten konditioniert sind (tut mir leid, ich wollte nicht «Ihre Ansichten» sagen, ich meine natürlich die Ansichten – aller – anderen). Legen Sie da, wo Sie gerade sitzen, das Buch einmal weg, und schauen Sie sich um. Fragen Sie sich: Was bedeutet der Stuhl, auf dem ich gerade sitze? Sie werden merken, daß der Stuhl eine Unmenge von Assoziationen bei Ihnen weckt, die in Wirklichkeit wenig mit ihm zu tun haben. Und jetzt fragen Sie sich:

Was bedeutet dieser Tisch?
Was bedeutet dieses Buch?
Was bedeuten meine Kleider?
Was bedeuten meine Eltern?
Was bedeute ich?

Fügen Sie dieser Liste noch eigene Fragen hinzu. Lassen Sie Ihre Augen und Gedanken durch das Zimmer schweifen, in dem Sie sitzen, dann durch andere Lebensbereiche, und stellen Sie die gleiche Frage. Sie werden sich wundern, wie wenig Bezug Ihr Gefühl oder Ihre Ansicht zu dem betreffenden

Gegenstand hat. Vielmehr beruhen beide auf einem Konglomerat aus Meinungen, Vorurteilen, Gefühlen und Vorstellungen, die Sie selbst damit verbinden, die jedoch kaum eine Beziehung zu dem jeweiligen Gegenstand haben. Versuchen wir es einmal mit einem anderen Experiment. Es ist empfehlenswert, sich reichlich Zeit, nämlich einige Minuten [ha!] für jedes Objekt zu nehmen, um sich bewußt zu machen, wie konditioniert Sie – und nicht etwa ich – in bezug auf alles im Leben sind. Schauen Sie aus dem Fenster, und fragen Sie sich, während Ihre Augen auf irgend etwas ruhen, was es mit diesem Gegenstand, diesem Baum, dieser Rasenfläche, diesen Leuten auf der Straße usw. eigentlich auf sich hat. Reduzieren Sie die Betrachtungsgegenstände im Geiste auf die reinen Wahrnehmungsdaten. Selbst Ihre Wahrnehmung dessen, was Sie an jenen Gegenständen für reine Fakten halten, ist wahrscheinlich verzerrt – dennoch wird Ihr Bemühen, sich auf diese sichtbaren Fakten zu beschränken, Ihnen zu größerer Bewußtseinsklarheit darüber verhelfen, wie stark Ihre Wahrnehmung aller Dinge im Leben gefärbt ist. Im Grunde steht bei allem, was wir betrachten, unsere Robotermaschine aus Fleisch und Blut im Mittelpunkt. Die Schlüsse, zu denen wir kommen, beruhen auf «anerzogenen» Eingaben – letztendlich also auf Dogmen.

Jetzt ist es an der Zeit, Dinge zu verlernen, sich umzukonditionieren, das Bewußtsein und damit das Leben zu verändern, zuerst die unmittelbare Umgebung und nach und nach die Welt. Nehmen Sie sich unbedingt genügend Zeit für die empfohlenen Übungen, damit Sie sich wirklich voll und ganz über diese Fehlkonditionierung klar werden, der wir alle unterworfen worden sind. Beziehen Sie immer wieder andere Lebensbereiche in Ihre Betrachtung und Ihr Denken ein. Nehmen Sie sich sowohl bestimmte Umstände als auch verschiedenste Objekte vor. Es sei noch einmal mit allem Nachdruck gesagt, daß wir uns unbedingt bewußt machen müssen, wie wir denken, um unser Bewußtsein ändern zu können. Und Denken ist ein so schneller, flüchtiger Vorgang, daß wir auch weiterhin nicht einsehen werden, wie irreführend und verzerrt unsere Wahrnehmung ist, wenn wir uns nicht die Zeit nehmen, unsere Denkprozesse zu untersuchen.

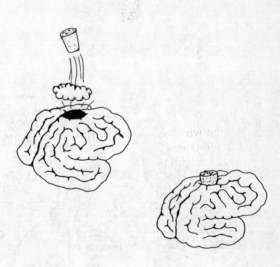

– VERÄNDERUNG DES GEHIRNS –
HOCHFLIEGENDE GEDANKEN

Nun wollen wir Ihnen die Augen dafür öffnen, in welchem Umfang die Vergangenheit an der Entstehung Ihrer Ansichten mitgewirkt hat. Auch diesmal sollten Sie sich unbedingt so viel Zeit nehmen, bis Sie sich vollkommen im klaren sind, was Sie über einen Gegenstand, eine Person oder einen Ort denken. Fragen Sie sich:

Auf Grund der Vergangenheit denke ich angesichts (eines bestimmten Ortes) —. Wiederholen Sie die Frage jetzt, bezogen auf:
(eine bestimmte Person)
(ein bestimmtes Buch)

(ein bestimmtes Gesicht) usw. [Am Beispiel dieses Buches können Sie feststellen, daß ein Buch bestimmte Assoziationen auslöst, nur weil es ein «Buch» ist – ich habe absichtlich ein paar Fehler gemacht, haben Sie bisher welche gefunden? Welche Fehler sind absichtlich gemacht worden? Und welche haben sich aus Versehen eingeschlichen? Oder soll mit dieser Behauptung lediglich die schlampige Arbeitsweise kaschiert werden? Treffen vielleicht alle drei Behauptungen zu? Oder nicht? Sie wissen es nicht sicher. Auf jeden Fall geht es um eine drastische Einstellungsänderung. Habe ich bereits Ihre Einstellung geändert? Wieviele weitere Erklärungen können Sie für die «Fehler» in diesem Buch anführen? Ich setze eine Belohnung von 50 Dollar für denjenigen aus, der Anzahl und Stellen meiner absichtlichen Fehler am genauesten schätzt und ferner die Bedeutung des – internen Codes.]

Ziehen Sie selbst Vergleiche. Binnen kurzem werden Sie mit Verwunderung zur Kenntnis nehmen, daß Sie es sind, der/die jedem fraglichen Gegenstand, Umstand oder Menschen seine Bedeutung beigemessen hat. Vielleicht geht Ihnen auf, daß Ihre Gedanken kaum einen Sinn haben und sehr ungenau sind. Und daß Sie wenig, wenn überhaupt etwas, sehen, ohne daß Ihre persönliche Konditionierung, Ihr Dogma sein häßliches Haupt erhebt. Sie werden merken, welch eine entscheidende Rolle die Zeit in Ihrem Leben spielt. Sie werden erkennen, daß Sie so gut wie nie JETZT leben – sondern stets von der Last der Vergangenheit gebeugt sind und Ihre Zukunft unter dem Müll Ihrer Assoziationen begraben. All das muß weg. SIE MÜSSEN WEG. Fort damit. Dafür ist kein Platz in der noch ungeborenen Zukunft – kein Platz im Leben eines – wahren Sie, das von einer neuen Welle mitgerissen wird, die im Innern dieses Planeten aufbrandet.

Hilfreich könnte es sein (merken Sie, wann der Autor wirklich hilfreich sein will? Und wann er nur Seiten füllen will? Oder ist er ein Spinner, der nur seine Bücher verkaufen will? Warum bedient er sich so unterschiedlicher Stilarten? Welche sind es?), wenn wir uns an dieser Stelle einmal klarmachen, wie sich die Last vergangener Gewohnheiten auch auf viel wesentlichere Bereiche unseres Lebens auswirkt. Stellen Sie sich jetzt einmal vor, Sie wären ein Marsmensch. Wenn Ihnen dieses Bild lebhaft vor Augen steht, beantworten Sie bitte die nachstehenden Fragen so aufrichtig und klar wie nur möglich. Beantworten Sie sie so, als hätte es keine Konsequenzen, wenn Sie die WAHRHEIT sagen.

Ich mag meine Arbeit (nicht), weil
(Keinen Quatsch bitte)

Ich mag meinen Nachbarn (nicht), weil

Ich mag meine Eltern (nicht), weil
(keine Lügen)

Ich habe meinen Ehepartner geheiratet, weil

Flüchten Sie keinesfalls vor Ihren Antworten in Schuldgefühle, Scham oder Klischees. Eine andere Übung wird Ihnen beweisen, wie wenig das, was Sie fühlen, mit der Person/dem Ort/den Lebensumständen oder dem Gegenstand zu tun hat, mit dem Sie sich befassen. Schauen Sie sich genauso wie bei den vorherigen Übungen die folgenden Fragen an, und beziehen Sie sie auf verschiedene Aspekte Ihres Lebens.

Diese Person beunruhigt/bezaubert mich, weil . . .
Dieser Ort bezaubert/beunruhigt mich, weil . . .
Dieser Umstand beunruhigt/bezaubert mich, weil . . .
Dieser Gegenstand bezaubert/beunruhigt mich, weil . . .

DIE PHILOSOPHIE
DER KNAPPHEIT

Sie werden wahrscheinlich feststellen, daß die Mehrzahl Ihrer Antworten in der einen oder anderen Weise, sei es direkt oder indirekt, durch das Dogma der Knappheit beeinflußt worden ist, das seit unzähligen Jahrtausenden die Erde[*Wie sehr entspricht der Autor seinem Buch? Lebt er nach seinen Lehren? Wovor hat er Angst? Welcher Stil entspricht am meisten seiner Grundpersönlichkeit? Würden Sie ihn gern kennenlernen? Wie sieht er aus? Raucht er Zigarren? Ist er verheiratet?*]beherrscht.
Grundgedanke dieser Philosophie war die begrenzte Lebensspanne mit ihrem ewigen Kreislauf von Anfang und Ende. Doch nun, da allem Anschein nach der Tod selbst überwunden werden wird, gerät die Grundfeste dieser Philosophie ins Wanken. Die Philosophie von der Knappheit, Begrenztheit und Sterblichkeit ist in uns zutiefst verwurzelt und macht eine bewußte Umprogrammierung unbedingt erforderlich. Vergessen Sie nicht, daß schon das

reine Vorhandensein des Sterblichkeitsbegriffs eine Begrenzung darstellt. Gibt es eine bessere Grundlage für die Knappheitsidee als eine begrenzte Anzahl von Lebensjahren? Dazu kommen die künstlichen, willkürlichen Normen, die Ihnen vom Establishment aufoktroyiert worden sind – Anzahl der Dienstjahre, Familienstand, Gesellschaftsstatus, Steuererklärung usw. In einem unbegrenzten Leben des Überflusses hingegen haben solche Werte und Normen überhaupt keinen Sinn. Wenn Leben nie endet, liegt kein Grund für eine Bewertung oder Normierung vor. Mit den Nor-$$-men wird sich auch die Geisteshaltung ändern und umgekehrt. Es wird nichts mehr geben, was einen Kampf lohnte, denn selbst für den Fall, daß man persönlich nach Bereicherung strebt, hat man ja unbegrenzt Zeit dazu. Jeder Druck ist weggenommen. Wer noch immer den Wunsch nach höchster Macht hegt, wird kaum Einfluß auf Sie ausüben können, da Sie unabhängig sind.

Einschüchterungstaktiken, die mit Tod und Einschränkung drohen, verlieren ihren Schrekken, wenn erst einmal die Philosophie der Knappheit und Begrenztheit ausgedient hat. In einer Welt des Überflusses sind Machtstrukturen und Führer, wie wir sie heute kennen, total fehl am Platz. Das könnte durchaus der Grund dafür sein, daß die bereitgestellten Mittel für die Erforschung des Überflusses *begrenzt* sind. [*Leidet der Autor unter Verfolgungswahn, wenn er auf vorsätzliche Verschwörungen zur geistigen und körperlichen Kontrolle der Menschen hinweist? Wenn ja, warum? Wenn nicht, welche Beweise für seine Thesen fallen Ihnen ein?*]

Die etablierte Obrigkeit wird nicht gerade Gefallen finden an Forschungen, die ihrer rücksichtslosen Kontrolle über Geist und Körper ein Ende setzen. Wenn der ÜBERFLUSS Wirklichkeit wird, müssen die Alexanders, Napoleons, Hitlers und die anderen, weniger bekannten Wahnsinnigen ihre Strategien ändern. Das Streben nach Unsterblichkeit darf nie in den schmutzigen Händen (waschen Politiker ihre öfter als Nichtpolitiker?) politisch-staatlich-unternehmerischer Kartelle ruhen.

Liebe Mami,

ohne Dich und all die einfältigen Leute, die ihr Leben immer von jemand anderem bestimmen lassen wollten, hätte ich es nicht geschafft.

Dein dich liebender Sohn

N

P.S.: Im Augenblick habe ich wirklich keine Zeit, Dir einen Enkel zu bescheren.

Überfluß und Unsterblichkeit wirken auf alle heute üblichen Formen der Geist-Körper-Kontrolle wie ein rotes Tuch. Kaum auszudenken, welche Folgen es hätte, wenn das Geheimnis der Unsterblichkeit allein in deren Besitz wäre! Wenn jeder hingegen Unsterblichkeit erlangen könnte, würden alle gegenwärtigen Machtstrukturen dahinschmelzen.

Machtstrukturen wären einfach nicht notwendig; nur wenn sie ein Monopol auf die Unsterblichkeit besäßen, hätten sie etwas anzubieten, was Sie selbst nicht besser aushandeln könnten. Sollten sie eine solche Monopolstellung erreichen, würde die Vereinnahmung Ihres Geistes und Körpers das Gefühl der Sinn- und Zwecklosigkeit noch verstärken, das ohnehin schon die Mehrheit der Weltbevölkerung plagt.

Die Philosophie vom Überfluß wird unser aller Einstellung in jeder Hinsicht verändern. Da in dem Fall unbegrenzt Zeit zur Verfügung stünde, würde es keine Rolle mehr spielen, ob man etwas «jetzt sofort» erlangt. [*Wir werden nicht mehr gelenkt, sondern lenken selber.*] Es wird immer noch ein Morgen geben, um das ersehnte Ziel zu erreichen. Statt des zwanghaften Besitzstrebens werden ein neues Freiheitsgefühl und Zeitlosigkeit herrschen. Bei uneingeweihten Gemütern erwacht dadurch unter Umständen ein Gefühl der Sinnlosigkeit, während der erleuchtete Geist endlich die Freiheit hat, dem Willen zu folgen. Krankheiten, wie wir sie kennen, werden verschwinden. Die Intelligenz wird zunehmen und das paranoide Wertsystem der Knappheit in sich zusammenbrechen. Das Bedürfnis nach kindischen Religionen wird FREUDIGEN Erfahrungen weichen, statt zu angstmotivierten Verhaltensweisen zu führen. Derlei Erfahrungen werden den Menschen bei seinem aufrichtigen Streben nach Vereinigung mit seinem höheren Leben anspornen und kräftigen, ohne daß er deshalb seinen Körper aufgeben müßte, es sei denn, er wollte ihn eintauschen.

WANDEL
IST DIE EINZIGE KONSTANTE

«Amerikanische Vorstadtüberlebende»

Falls Ihnen diese Ideen seltsam oder gar unmöglich vorkommen, sollten Sie sich ins Gedächtnis zurückrufen, daß das Leben in ständigem Fluß begriffen ist. Die Geschichte legt Zeugnis ab vom «Wahrheits»-Begriff des Menschen, von völlig verzerrten Vorstellungen, wie jeder weiß, der einmal historische Quellen erforscht hat.

Andererseits ist das Wesen der Wahrheit in Sagen und Legenden bewahrt geblieben. Das beweist die Ähnlichkeit von Mythen aus allen Teilen der Welt, aus allen Kulturen und Religionen. Die Geschichte vom legendären Atlantis gehört dazu, aus der wir vieles lernen können, denn sie enthält deutliche Lehren für das weltweite Großreinemachen, das uns bevorsteht. Die Natur, die sich normalerweise mit der Geschwindigkeit einer ziemlich lahmen Schnecke voranzubewegen scheint, beschließt offenbar bisweilen, mit kometenhaften Riesenschritten loszueilen. In solchen Zeiten geht es den Bummlern an den Kragen. Sie werden von den anderen, die zu den Notausgängen stürmen, niedergetrampelt.

Aus den alten Sagen geht hervor, daß zu dem Zeitpunkt, als der große Kontinent Atlantis zum Untergang im Ozean verurteilt war, diejenigen seiner Bewohner, die wachsam, wissend und eingestimmt waren, auf «wunderbare» Weise in andere Weltgegenden entschwanden. So entgingen sie der Katastrophe, die ihre Mitmenschen heimsuchte.

Auch jetzt wieder sendet die Natur Warnsignale in reichlicher Anzahl aus. Beispielsweise entstehen immer mehr Zentren zur Bewußtseinserweiterung. Es gibt New-Age-Lehrer wie etwa Robert A. Wilson und Timothy Leary (beide stark von Crowley und seinem Schüler Israel Regardie beeinflußt, die eine «Brücke» schlugen und zwischen Mystik und Wissenschaft vermittelten. Denen, die Francis Regardie nicht persönlich kannten, sei gesagt, daß er mit 75 Jahren noch genauso aufgeschlossen für neue Erfahrungen war wie ein junger Mensch. Obwohl das Alter nicht spurlos an ihm vorüberging, blieb er doch flexibel, geistig beweglich und locker, ich wollte, wir könnten es ihm alle gleichtun). Wer sich nicht entsprechend informiert oder leiten läßt, wie die alten Atlantier, wird von der kommenden Katastrophe überrollt werden. (Wie finden Sie diese Drohung?) Aber wer sich lieber ent-wickelt und nach Erleuchtung strebt, wird geleitet und geschützt werden. (Wie finden Sie dieses Versprechen?)

Sie werden die Superrasse der Natur sein, die jetzt noch ungeduldig im Hintergrund auf ihr Stichwort wartet, um dann auf der Bildfläche zu erscheinen. Wenn wir überleben wollen, müssen wir zuerst sowohl unsere Einstellung als auch unsere Wahrnehmung ändern.

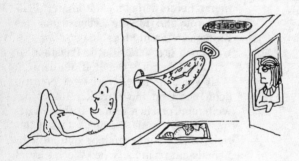

Wie Gary Zukav in seinem Buch *Die tanzenden Wu Li Meister* (rororo transformation 7910) dargelegt hat, sind Atome «hypothetische Gebilde, die den Zweck haben, experimentelle Beobachtungen verständlich zu machen». Wir haben uns indessen schon allzulange an die Idee des Atoms gewöhnt und vollkommen vergessen, daß es wirklich nur das ist – eine Idee. Wenn wir uns mit der Idee des Atoms beschäftigen, geben wir uns in Wirklichkeit mit etwas ab, das im wesentlichen gar nicht existent ist. Ein Atom besteht aus einer komplexen Anordnung von Elektronen, die um einen Atomkern aus Protonen – positiv geladenen Teilchen – und Neutronen – neutralen Teilchen – kreisen.

Wenn der Kern eines Atoms die Größe einer Erbse hätte und auf die Mittellinie eines Sportstadions gelegt würde, würden seine Elektronen über der Reihe der hintersten Tribünenreihe kreisen. Dieser Vergleich gibt Ihnen eine Vorstellung von der Größe des leeren Raums innerhalb der Elektronenhülle, die das Atom umgibt.

Von dieser Vorstellung ausgehend, wenden Sie sich nun einmal Ihrem Körper zu. Entscheiden Sie, ob die Ansicht, die Sie bisher von ihm hatten, noch Gültigkeit besitzt. Ihr Körper besteht also größtenteils aus leerem Raum. Er ist ein Konglomerat herumwirbelnder atomarer Teilchen, die nur für die Lebensdauer des Körpers an ihrem Platz bleiben.

(Nun reicht's aber! Ich hätte ganz gern mal wieder ein bißchen was von der guten alten Religion aus früherer Zeit, **Sie nicht auch?**

Und doch sagt der britische Physiker Sir Arthur Eddington: «Der Stoff, aus dem die Welt gemacht ist, ist geistiger Natur», denn der moderne Physiker findet bei weiterem Forschen keine statische Materie, sondern vitale Energie. «Das materielle Universum entpuppt sich allmählich als ein phantastisches Wechselspiel von Energie und Bewußtsein.» Die Physik spekuliert bereits darüber, ob der Geist Materie bewegen und ihr eine andere Form geben kann und wird. William A. Tiller, Physikprofessor an der Universität von Stanford, spricht davon, daß offenbar in der Menschheit gegenwärtig eine «biologische Wandlung hin zu einem anderen Sinnessystem stattfindet». Immer mehr Wissenschaftler halten die Hypothese einiger Metaphysiker für stichhaltig, daß es ein großer Fehler ist, in den gegensätzlichen Begriffen von Leben und Tod zu denken, als sei das eine Gegebenheit. Sie merken langsam, daß die einzigen Gegensätze – Geburt und Tod sind, da «das Leben selbst ein konstantes, endloses Kontinuum ist».

SCHAUEN SIE AUS
ZIEHHARMONIKAAUGEN
IN DIE WELT

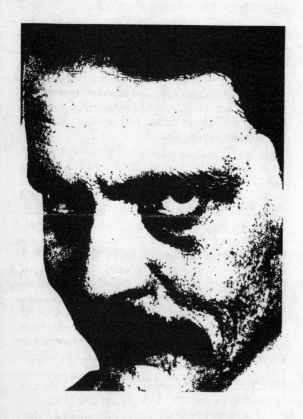

«Das klingt ganz schön paranoid.»

Wachen Sie auf! Sehen Sie die Zeichen an der Wand! Erweitern Sie Ihre Sicht der Dinge! AUTSCH! Wie es in einem Werbespot heißt, ist die Zukunft hier und jetzt. Seien Sie dabei! Machen Sie sich klar — DASS DER SINN DES LEBENS SEINE VERÄNDERUNG IST! Die Menschheit darf nicht länger bei ihrer Höhlenmentalität verweilen. Eine Superrasse von Supermännern/frauen ist auf dem Vormarsch. Sie können dazugehören (falls Sie kräftige Beine haben), oder aber Sie trödeln weiter in Ihrem gewohnten Alptraum herum, bis die NATUR Sie als ÜBERHOLT abstempelt und zum alten Eisen wirft. *(Wenn Vernunftgründe nichts nützen, kommt die Angstmache.)*

Sollten Sie immer noch den exponentiellen Wandel in Frage stellen, der jetzt überall in Erscheinung tritt (außer in Ihrem Kopf), werfen sie einmal einen kurzen Blick auf den Anfang dieses Jahrhunderts zurück. Obwohl das Automobil bereits in der zweiten Hälfte des 19. Jahrhunderts entwickelt worden ist, kam die Allgemeinheit erst um die Zeit des 1. Weltkrieges «ins Rollen».

Leonardo da Vinci hat schon im Jahre 1514 einen Fallschirm skizziert und sich mit der dazugehörigen Aerodynamik befaßt. Es sollte jedoch noch bis 1903 dauern, bis die Brüder Wright die Ehre hatten, mit Erfolg den ersten Motorflug zu wagen. Flugzeuge spielten im 1. Weltkrieg nur eine unbedeutende Rolle, und es blieb Charles Lindbergh vorbehalten, 1927 als erster die Pionierleistung zu vollbringen, den Atlantik zu überqueren. 1969 schließlich landeten zwei (vielleicht auch mehr) amerikanische Astronauten auf dem Mond. Eine solche Großtat hatten sich zuvor nur Science-fiction-Schriftsteller (eine höfliche Umschreibung für völlig ausgeflippte Psychopathen) in ihrer Phantasie ausmalen können.

Jules Verne hat 1865 sein Buch *Von der Erde zum Mond* geschrieben. H. G. Wells hat 1898 *Der Krieg der Welten* und 1901 *Die ersten Menschen auf dem Mond* veröffentlicht. Edison hat schon 1879 die elektrische Glühbirne erfunden, und trotzdem waren noch im 2. Weltkrieg viele amerikanische Landstriche ohne Stromversorgung. Sinnt man einmal eine Weile über diese Dinge nach und denkt an die Jahrmillionen, die ihnen erdgeschichtlich vorausgehen, gewinnt man einen Eindruck davon, mit welch hohem Tempo die Natur inzwischen ihre Pläne für die Evolution des Menschengeschlechts verfolgt. (Setzen Sie einen Blauen auf Mutter Naturs Riecher.) Die Zeit ist nahe:

DIE GEGENSÄTZE ZU VERSÖHNEN
UND
DAS LICHT ZU VERBREITEN

Diese Kleider und diese nackten Knochen abwerfen – meine Empfindungen dem Staub überantworten – meinen Geist in die Dunkelheit des Raums ergießen – meine Gewohnheiten im dämonischen Feuer verbrennen. Wenn das vollbracht ist und ich blindlings in den Abgrund falle — erst dann beginne ich.

DIES IST DIE WILLENTLICHE VERÄNDE-
RUNG DES DENKENS,
VON ALTERS HER
MAGIE GENANNT.

Kapitel VI

METHODE 3

Auch Methode 3 ist nicht etwa ein Ersatz für Methode 1 und 2, sondern eine Erweiterung der angesprochenen Übungstechnik. Sie erfordert etwas mehr Zeit, und Sie sollten sich nur damit befassen, wenn Sie die anderen beiden bereits gemeistert und ihre Wirkung auf sich deutlich festgestellt haben.

STEHEN SIE AUF

Beugen Sie die Knie leicht, nicht zu stark, und lassen Sie den Oberkörper vornüber fallen. Zwingen Sie nichts – lassen Sie ihn einfach locker fallen.
Atmen Sie, während Sie diese Position einhalten, im Fünfer-Zählrhythmus. Das heißt, Sie zählen bis 5 und atmen dabei ein, halten dann den Atem an bis 5, atmen aus bis 5, halten an bis 5. Wiederholen Sie diese Übung dreimal und richten Sie sich dann langsam gerade auf. Das wiederholen Sie achtmal oder öfter. Stehen Sie, wenn Sie damit fertig sind, einen Augenblick gerade mit fest geschlossenen Augen da. Machen Sie sich die Verspannungen in Ihrem Gesicht, im Nacken und an den Schultern bewußt. Lockern Sie diese Spannungen, indem Sie Ihren Mund so weit wie möglich aufreißen und Ihr Gesicht verziehen. Schließen Sie jetzt den Mund, aber verziehen Sie weiter das Gesicht. Wenn Sie das mindestens 5 Minuten lang gemacht haben, legen Sie den Kopf, so weit Sie können, nach hinten und drehen ihn dann von einer Schulterseite auf die andere. Manchen Leuten wird dabei schwindlig, seien Sie also auf alles gefaßt. Sollten Sie auf einmal den Drang haben, sich zu übergeben, tun Sie das,

denn der Brechreiz ist hervorragend dazu geeignet, Körperspannungen abzubauen.

WEG MIT DER KOPFLASTIGKEIT

Setzen Sie sich hin und denken Sie an etwas, das Ihnen Sorgen macht. Stehen Sie wieder auf und schreiten Sie im Zimmer auf und ab, indem Sie die Worte wiederholen: «Wa—as wird — bloß aus — mir?» oder etwas der gleichen Art, das Ihre Sorge zum Ausdruck bringt. Stumpfen Sie nach Möglichkeit nicht ab dabei. Wenn Sie sich albern vorkommen, ist das durchaus in Ordnung, denn es ist ja auch albern, daß Sie sorgenvoll sind. Setzen Sie sich nach etwa 5 Minuten wieder hin, und denken Sie diesmal an etwas Erfreuliches. Gehen Sie, sobald es Ihnen lebhaft vor Augen steht, im Zimmer herum mit den Worten: «Ich finde das herrlich» oder etwas ähnlichem, mit dem Sie ein Glücksgefühl oder Freude ausdrücken. Sind auch diese 5 Minuten abgelaufen, brechen Sie, so gut Sie können, in Gelächter aus, dann in Tränen, und wechseln Sie mindestens 5 Minuten lang zwischen diesen Stimmungen hin und her. Legen Sie sich hin, sobald Sie damit fertig sind.

Verschränken Sie die Hände über der Brust, ziehen Sie die Knie hoch, und rollen Sie sich, so fest es nur geht, zu einer Kugel zusammen, wobei Sie jeden Muskel anspannen. Wenn Sie Ihr Eingeschränktsein gut spüren, strecken Sie sich aus und lassen alles Einschränkende von sich abfallen, lassen alles von sich abfallen. Beim entspannten Ausstrecken machen Sie: «Ah!» Werden Sie sich Ihrer Freiheit bewußt. Wiederholen Sie diese Übung einige Male.

MEDITIEREN SIE

Wählen Sie sich ein Mantra oder einen anderen Gegenstand zur Fokussierung des Geistes aus und meditieren Sie darüber.

VORSCHLÄGE

Diese und die fortgeschritteneren Techniken kann man auf vielerlei Weise üben. Werden Sie nicht zu starr bei Ihren Experimenten – aber lassen Sie auch nicht nach in Ihrem Eifer. Manche Leute kommen besser zurecht, wenn sie auf verschiedenen Stufen an sich arbeiten, z. B. montags mit Methode 1, mittwochs mit Methode 2 und samstags mit Methode 3, und in der darauffolgenden Woche kehren sie die Reihenfolge um. Andere wieder beschäftigen sich einen Monat lang ausschließlich mit einer Methode, um danach erst zu den anderen überzugehen. Bleiben Sie bei Ihren Experimenten locker, ohne deshalb in der Konzentration auf die Arbeit nachzulassen. Sprechen Sie sich selbst während Ihrer Versuche mit verschiedenen Namen an, das wird Ihnen helfen, das Maschinen-Sie von dem Selbst zu trennen, das sich allmählich herausschält – dem echten Wissenschaftler des Labors. Sollten Sie irgendwelche Schwierigkeiten oder Fragen haben oder mehr Informationen wünschen, schreiben Sie mir getrost, aber auf Englisch bitte und kurz.

ERGEBNISSE

Wir nähern uns dem Ende unserer Arbeit. Inzwischen müßten Sie sich Ihr Labor eingerichtet haben. Ich empfehle Ihnen, den Ort, an dem es sich befindet, geheimzuhalten, denn es gibt eine Menge Leute «da draußen», die Sie für verrückt halten werden, wenn Sie sich nicht mehr wie ein gedopter Roboter benehmen. Bei entsprechenden Sicherheitsvorkehrungen werden in Ihrem LAB keine unerwünschten Störungen auftreten.

ES BESTEHT KEIN GRUND ZUR PARANOIA

Denen unter Ihnen, die nicht auf mein nächstes Buch aus dieser Reihe warten wollen, rate ich zur Beschäftigung mit Tantra-Yoga, Hypnose, Entkonditionierungstechniken sowie Magie der Art, wie sie Israel Regardie in seinem klassischen Werk *Das magische System des Golden Dawn* dargestellt hat, und wenn Sie sehr mutig sind, können Sie sich auch noch an Crowleys *Gems From The Equinox* mit einer Einführung von Israel Regardie wagen. [s. A. C. «Ausgewählte Schriften»].

Gesetzt den Fall, Sie wissen immer noch nicht, wer im LAB-Kapitel gemeint war, hier sein Name: Meister Therion alias Aleister Crowley. Wir vom LAB stehen tief in der Schuld dieses mutigen, genialen HELDEN, der zu Unrecht von SYMONDS und der Paulus-Presse herabgesetzt und verunglimpft wurde – nicht daß er vollkommen gewesen wäre – GOTT sei Dank – wer braucht schon einen vollkommenen Helden? Zum besseren Verständnis A. C.s empfehle ich Israel Regardies *Eye in the Triangle*.

IM ERNST ODER IN DEN STERNEN

Wenn Sie noch nicht wissen, was Sie von dieser Arbeit halten sollen, und eine Entscheidung treffen wollen, dann nehmen Sie die Arbeit ernst, da manche Abschnitte auch so gemeint sind. Da jedoch die meisten Menschen ihr Leben nicht auf Grund dessen ändern, was sie lesen, betrachten Sie die ganze Sache besser als Streich, der jemandem gespielt wird – Ihnen – mir – dem Verleger – Crowley – der Übersetzerin – oder dem Buchhandel.

SCHÜLER, die diese Übungen hingebungsvoll nach-vollziehen, werden unserer Auffassung nach wirk-lich ihr eigenes LAB und ihr eigener VERSUCHS-LEITER werden, und das heißt, falls Sie es nicht schon richtig vermutet haben, Magier oder «wil-lentliche Veränderer des Denkens».

Das Über-den-MENSCHEN-Hinauswachsen, die-ses Ziel aller echten okkulten und psychologischen Systeme, besteht in Wahrheit nur darin, sein eige-nes LAB und sein eigener VERSUCHSLEITER zu werden und mit voller Absicht sein Hirn und seine Chemie zu ändern, um das «ersehnte Ziel» (den WAHREN WILLEN) zu erreichen.

DER NEUE POLYTHEISMUS

VON BRÜDERN/SCHWESTERN

WIE STEHT ES?

ZEHN JURISTEN

ZU EINEM TECHNIKER

DAS WHO'S WHO
DER
WHO

GOTT IST TOT,

DIE GÖTTER SIND GEBOREN

FUTANTE MUTANTEN
DIE VIELEN IM EINEN

Nachstehend Tätigkeitsbeschreibungen

Wenn Sie beschlossen haben, das auf der Hand
Liegende und das Einzigartige zu erforschen, haben
Sie wahrscheinlich gerade den Weg des futanten
Mutanten eingeschlagen.
C. S. Hyatt, Ph. D., zen-buddhistischer Priester,
Neue westliche Schule

ERKENNE DICH SELBST,
IST DIE GROSSE LÜGE,
ERKENNE DEINE SELBSTE, SIND DIE
GROSSEN WAHRHEITEN MONOHIRN GEGEN
POLYTHEISTISCHE HIRNE

Laut Nietzsche galt es bisher als die «ungeheuer-
lichste aller menschlichen Verirrungen» und als
Götzenanbetung schlechthin, wenn sich das Indivi-
duum eigene Ideale setzte und von daher seine
Gesetze, Freuden und Rechte ableitete; und die wenigen, die es wagten, mußten sich stets rechtfertigen. Nur in der wunderbaren Kunst und Fähigkeit
der Erschaffung von Göttern im Polytheismus konnte
sich dieser Impuls frei äußern, nur hier konnte er
geläutert, vervollkommnet und veredelt werden.

Wie Nietzsche weiter sagt, ist im Gegensatz dazu
der Monotheismus – die notwendige Folge der Lehre
vom normalen Menschen und damit der Glaube an
einen normalen Gott, neben dem es nur falsche,
unechte Götter gibt – vielleicht die größte Gefahr
der Menschheit in vergangenen Zeiten gewesen.
Das freie und vielseitige Denken des Polytheismus
hat eine urbildliche Kraft: die Macht, sich immer
wieder neue, ganz eigene Augen zu erschaffen.

Will Nietzsche, was den Monotheismus betrifft,
darauf hinaus, daß unser Problem als Menschen im
Grunde in der Illusion einer Einheit besteht? Genauer gesagt: Spricht unser Philosoph von der illu-

sionären Ein-Selbst-ein-Körper-Idee? Kennt er die buddhistische Vorstellung des Nichtselbst (Vergänglichkeit – Dukkha – Leiden)?

Sieht er die Umgestaltung der Gesellschaft durch einen neuen Polytheismus voraus? Einen Schwester/Bruder-Kult?

Hat er vielleicht einen noch größeren Sprung getan und vorausgeahnt, daß der Polytheismus offensichtlich mit den Multiple-Gehirne-Weltmodellen übereinstimmt? Hat er vielleicht schon gewußt, daß die Entstehung einer Kultur darauf beruht, daß sich eine bevorzugte singuläre Funktionsweise des Gehirns durchsetzt, etwa im Rahmen des übervereinfachenden Rechts/Links-Hirn-Modells? Hält er die Kultur einfach nur für eine weiterentwickelte Form der Reinlichkeitserziehung?

Meint er mit seinem Ausspruch, Gott sei tot, nicht vielmehr, daß endlich die Götter geboren werden, daß wir allmählich lernen, die Vorstellung eines «Ichs» als Illusion zu betrachten, als Konvention, die sich auf Sklaverei und nicht auf existentielle Fakten gründet?

Behauptet er vielleicht, wir bestünden aus vielen Gehirnen und Persönlichkeiten, und unsere Einstufung von Persönlichkeitsspaltungen als krankhaft sei falsch, die Vorstellung eines Selbst hingegen die eigentliche Krankheit? Ist er sich darüber im klaren, daß viel von unserem unnötigen Elend eine Folge des Versuchs ist, uns alle dazu zu bringen, wie ein Mann/eine Frau zu atmen?

Weiß er, daß Schizophrenie ihre Ursache letztlich in der Nichtbeachtung unserer Vielfältigkeit hat? Ist sie womöglich ein erstarrter Versuch, einigend zu wirken, ein Ganzes aus etwas zu machen, das von Anfang an nie ein Ganzes war?

Wir werden sehen, daß «Ent-wickle dich!» nur ein anderer sprachlicher Ausdruck für «Gott ist tot» ist, der letzte Nachruf für die Dummheit, das Ende des Einzelhirns – des Einzelselbst – und damit das Freisein von allen Einschränkungen bedeutet: die neuen Nirvanas. «Ent-wickle dich» ist die Vielfalt der Religion von Schwestern/Brüdern.

Bei näherer Betrachtung der Welt multipler Gehirne und vielfacher Korrelationsmatrizen wird uns schlagartig aufgehen, daß Welten und Persönlichkeiten keineswegs einheitlich sind, sondern einander berührende Kreise, die unaufhörlich ihren Mittelpunkt verändern, während neue, dynamischere INFO-BÄNDER hinzugefügt werden. Mit anderen Worten: Wir haben es mit Mittelpunkten zu tun, die sich verlagern, und Peripherien, die sich ausdehnen. Jeder Teil des Menschen bzw. jede Hirnfunktion arbeitet nach eigenen Regeln. Deshalb entspringt unser Streben nach Einheit nur dem flüchtigen Gefühl einer Integration. Unser Gefühl der Ganzheit rührt vom Durchleben und Erforschen jedes Fragmentes her, ohne daß dabei diesem Prozeß ein einzelnes Prinzip aufgezwungen würde. Während wir uns also voranarbeiten bis zur Erleuchtung, hören wir allmählich die Stimmen all der Götter und Göttinnen und dienen ihnen allen, jeder auf seine Weise.

WER IMMER DIE HÖCHSTE MACHT HAT,
ETWAS ZU DEFINIEREN,
HAT DIE HÖCHSTE MACHT.
ALLE SICH SELBST BESTÄTIGENDEN
PROPHEZEIUNGEN
BESTÄTIGEN SICH SELBST.
DU KANNST NICHT WIEDERGEBOREN
WERDEN,
WENN ES DICH NICHT MEHR GIBT.

In dem Buch *Die Intelligenzagenten* von Timothy Leary gibt es einen Teil mit dem Titel «Vorsicht vor dem Monotheismus». Dieser Teil nimmt vieles von der Forschungsarbeit über den Monotheismus vorweg, vor allem was dessen Gefährlichkeit für Familie, Verwaltung, Heilberufe, Staat, Bildungswesen usw. betrifft. Allerdings wird nicht darauf hingewiesen, daß der Monotheismus der HAUPTFAKTOR ist, dem die Menschheit ihr Elend zuzuschreiben hat. Für den, der mit der Faktorenanalyse vertraut ist, heißt das, daß der Monotheismus zugleich mit der aus ihm abgeleiteten Monomanie, singulären Kausalität usw. die höchste Faktorenladung hat. Er

ist weitgehend verantwortlich für unsere Verhaltensweisen, Wertvorstellungen und Ideen, unsere Verworrenheit, unser Elend und unsere Gefühle.
Ich zitiere Leary:
«Der Monotheismus ist die primitive Religion, die das menschliche Bewußtsein auf eine Bienenstock-Autorität hin konzentriert. Es gibt nur einen Gott, und sein Name ist . . .(hier Namen des Imkers einsetzen).
Wenn es nur einen Gott gibt, gibt es auch keine Wahl, keine Entscheidungsfreiheit, keine Wirklichkeitsvarianten. Es gibt nur Unterwerfung oder Ketzerei. Das Wort «Islam» bedeutet «Unterwerfung». Die christliche Grundhaltung ist das Knien. Dein Wille geschehe.
Der Monotheismus führt demnach bei Erdbewohnern mit Bienenstock-Mentalität (Stufe 10, 11 und 12), die emsig bestrebt sind, die Verantwortung an irgendeinen großen Boss abzutreten, zu keiner Schädigung. (Anmerkung: Der Nichtschädigung kann ich nicht zustimmen.)
Der Monotheismus fügt hingegen denen schweren Schaden zu, die aus der Bienenstockphase heraus in andere Wirlichkeitsstadien eintreten. Fortgeschrittene Mutanten (Stufe 13 bis 18) machen die Entdeckung, daß <alles eins ist>, während ihnen die Erkenntnis dämmert: «Mein Gehirn erzeugt alle Wirklichkeiten, die ich erlebe». (Anmerkung: Gehirne ersetzen, aber alles bleibt alles.)

Die Entdeckung des Selbst ist angsterregend, denn der neue Besitzer des automobilen Körpers und automobilen Gehirns muß all die Macht selbst übernehmen, die von den frommen Bienen dem eifersüchtigen Jehova zugesprochen war.
Das erste Gebot des Monotheismus lautet: Ich bin der Herr dein Gott. Du sollst keine anderen Götter haben neben mir. Alle Monotheismen sind rachsüchtig, aggressiv, expansionistisch, intolerant . . .
Der Monotheist sieht es als seine Pflicht an, jede Art von Ketzerei auszumerzen. Die Bienen im Bienenstock bedienen sich solcher erfundenen Begriffe wie Teufel, Hölle, Schuld, ewige Verdammnis, Sünde

und Übel, um die Loyalität gegenüber der Bienen-
stock-Zentrale aufrechtzuerhalten. All diese Dok-
trinen sind eigens dazu geschaffen, den Individualis-
mus niederzuhalten und zu zerschmettern . . .» (Anmerkung: Der Gedanke an viele Individuen ist gleich-
bedeutend mit «Polytheismus».)

Ein warnendes Wort zum dritten Teil
Dieses Buch ist nur für 64 Leute geschrieben worden. Um sie zu erreichen, haben wir das Buch auf der
ganzen Welt veröffentlicht und ausgeliefert. Ich
hoffe, die 64 haben nichts dagegen.

TOD UND DUMMHEIT – DIE GESCHICHTE
DER MONOMANIE

Die Menschheit hat zwei Feinde, von denen sie sich
unter Umständen nie ganz befreien wird. Nummer
eins ist die Dummheit: Sie nenne ich noch vor dem
Tod, weil erst die Dummheit behoben werden muß,
ehe der Tod überwunden werden kann.

Die DNS-Göttinnen haben uns für eine helle
Zukunft geplant. Diese Planung gründet sich allerdings auf das Gesetz der Beschwerlichkeit. Es besagt, daß der Mensch sich normalerweise nicht auf
gefährliche, schwierige Unternehmungen einläßt,
wenn er nicht entsprechend motiviert ist. Die Frau-
en/Männer der Stunde, die Gefährten der DNS, sind
also diejenigen, die Beschwerlichkeiten so zu nutzen verstehen, daß sich ihnen erhabene Wahrheiten
offenbaren. Wenn es beschwerlich wird, taucht also
lediglich eine neue Göttin auf. Ein neuer Mittelpunkt wird geboren, der mit der Zeit zur Peripherie
wird.

AIDS

Häufig schaffen Schmerz, Leid und Angst die entsprechende Motivation. Dabei handelt es sich um
das Dukkha, dem wir alle zu entgehen versuchen.
AIDS ist ein typisches Beispiel. Diese Seuche, die
uns alle vernichten könnte, hat den Menschen dazu
gebracht, mehr Geld, Zeit und Mühe an die For-
schung zu wenden. Vielleicht sorgt sie sogar für ein
Gefühl der Einigkeit in dieser Welt. Manche, wie

etwa die Fundamentalisten, halten AIDS für einen Fluch oder eine Strafe, dabei wird es sich unter Umständen als Segen erweisen.

Ihre Sicht der Dinge ist einseitig und beruht auf monotheistischen Vorstellungen (dem einen Gesetz), auf der Psycho-Philosophie der einen Hirnfunktion, wie sie Höhlenbewohner vertreten.

Durch die AIDS-Forschung können wir vielleicht einmal einen Blick durch das genetische Fenster werfen und so den Weg zur Unsterblichkeit finden, dem Feind der Himmel/Hölle-Theoretiker.

AUF GUT GLÜCK

DNS sind dazu da, den Status quo zu erhalten, bis die Zeit für eine Veränderung reif ist. Hier besteht ein Zusammenhang zur Vorstellung vom Monotheismus und Poly-Hirn-Theismus, dem Dienst an den verschiedenen Neuro-Göttern. Letzterer geschieht aufs Geratewohl.

Von Geratewohl kann man sprechen, wenn sich offenkundig ordentlich funktionierende Systeme normal verhalten, bis sie einen kritischen Punkt erreichen und durcheinandergeraten: ein Hirn-Fokuswechsel von «A» nach «B». Wenn wir also einen Gott bis ins Extrem gesteigert haben, beginnt das Chaos. An diesem Punkt tritt eine neue Göttin in Erscheinung.

Unter Chaos ist keine Willkürlichkeit im herkömmlichen Sinne zu verstehen. Gemeint ist, daß lineare Gleichungen (Monotheismen) nicht mehr maßgeblich sind und Voraussagen auf deren Grundlage einstweilen in sich zusammenbrechen. Nach einer gewissen Zeit, in der diese «willkürlichen» Ereignisse zu beobachten sind, taucht ein neues Prinzip auf. (Anmerkung: Diese Idee hat nichts mit dem Modell vom 100sten Affen zu tun, das gerade in Verruf geraten ist.)

Einige Wissenschaftler haben die Theorie einer «Anfangssensibilität» aufgestellt, um dieses «auf gut Glück» verstehen zu können. Mit anderen Worten: ein unbedeutendes oder gar unbemerkt gebliebenes Ereignis zu Beginn einer Aktivität hat am Ende womöglich ganz gewaltige Folgen. Das trifft sowohl auf das Würfeln zu als auch auf die Qualitäten des Neugeborenen, das gerade zur Welt kommt.

DER MENTALE UNTERLEI DES POLY-BEWUSSTSEINS

Dummheit ist die Weigerung, das augenblickliche Gleis zu verlassen oder Daten neu zu interpretieren, die nicht mit dem gegenwärtigen linearen Modell übereinstimmen (der gegenwärtigen Göttin).

Die Unsterblichkeit würde viele UNSERER Überzeugungen zunichte machen und uns die Möglichkeit geben, mit unseren jetzigen linearen monotheistischen Modellen zu brechen.

Die GÖTTER geben durch Signale zu verstehen, daß manche von uns für die Veränderungen reif sind, die Unsterblichkeit und verminderte Dummheit mit sich bringen. Spielstand: Gentechniker 15, Juristen 1.

Zur Zeit hat die Unsterblichkeitsforschung bei den Regierungen und bei Gruppen, die von der Vorstellung eines Lebens nach dem Tode besessen sind und den Tod als Norm hinnehmen, manchmal sogar als ERWÜNSCHTE Norm, keinen hohen Stellenwert. Unser Verständnis vom Tod gründet sich auf unseren Monotheismus, den Dienst an dem einen Sklavengott, jetzt und immerdar.

DIE NOTWENDIGEN MÜTTER

Notwendigkeit und reine Neugier sind die Mütter der Poly-Götter. Mutterschoß und Mutterschaft sind höchst wichtige Begriffe. Die Geburt der Götter erfolgt nach einem interessanten Muster:

TRIEB, BEFRUCHTUNG, INKUBATION, GEBURT, HEGE.

Wie Sie sicher bemerken werden, kommen mindestens zwei konvulsiv-chaotische Zeitabschnitte in diesem schöpferischen Prozeß vor, außerdem mindestens zwei langweilige Wartezeiten, gemeinhin Routine genannt. Dennoch besteht der Gesamtprozeß aus fünf und nicht aus vier Komponenten. Das heißt, in jedem « vollendeten Stadium » lauert schon die Schlange der Störung.

DIE UNRAST DER WELT IST
EINE FOLGE DAVON,
DASS EINE GROSSE IDEE GEBOREN WIRD,
DAS ENTSETZEN DER MONOTHEISTEN SIND
DIE GEBURTSWEHEN.

Ideen können ihren Schöpfern große Schmerzen verursachen. Eine neue Idee entsteht durch Entthronung eines herrschenden Gottes.

WIR SIND ALLE HEXAGRAMME
Ich halte nach 64 tapferen menschlichen Nervensystemen Ausschau, die ihrer Intelligenz und ihren Möglichkeiten nach als Ent-wickle-dich-Gefäße geeignet sind und sich der Erforschung persönlicher und transpersonaler Probleme aus der Sicht des Schwester/Bruder-Polytheismus widmen wollen. Bitte schicken Sie mir sofort einen kurzen Lebenslauf! Keine Scherze bitte! Der Spielstand ist ungewiß.

DIE KÖTTELKLASSE
DIE SCHIZOPHRENIE DES MONOTHEISMUS
DIE 4 Gs
JEDE KLASSENSTRUKTUR LÖST SICH
BEI BEWEGUNG AUF

Die Mittelklasse oder, wie ich sie bezeichnen möchte, die Köttelklasse, ist daran zu erkennen, daß sie auf Leben und Tod die 4 Gs verteidigt: die Gravitation, die Geographie, die Genetik und die negative Genialität. Von der Verteidigung der 4 Gs ist es nur ein kleiner Schritt bis zum Angriffskrieg.

Die 4 Gs oder der Lebenskasten gehen dem Todeskasten eine unbestimmte Zahl von Jahren voraus. Man beachte wieder die 4en. Die Köttelklasse erstrebt die Illusion vollkommener Ordnung.

Die Köttelklasse hat die unheimliche Fähigkeit, Hoffnung in Angst zu verwandeln, Potenz in Impotenz. Bis in alle Ewigkeit versucht sie in ihrer Verwirrung, alles durch einen Prozeß zu legitimieren, der als Trance-duktion bekannt ist.

Im Machtstreben drückt sich dann das Bedürfnis zu dienen aus. Sex ist dann Liebe. Dogmen und Dummheit sind eine Sache des persönlichen Geschmacks. Besäufnisse sind Weinproben. Das Festhalten an rituellen Formen ist Spontaneität. Genetischer Eigennutz (Reproduktion) ist Familienplanung. Meinungen sind Eingebungen. Ein Kasten ist ein Heim. Vernünftelei ist Weisheit. Verwirrung ist Intelligenz. Sünde ist eine Geisteskrankheit. Statusstreben ist guter Geschmack. Besitztümer sind Antiquitäten.

Ein sicheres Anzeichen für kleinkarierte Dummköpfigkeit ist das Bedürfnis, alle Verschiedenheiten zu vereinheitlichen, alles Einzigartige einander anzugleichen. Es ist die Philosophie des einen Gottes. Spielstand:

Juristen 14, Techniker 1.

ERKLÄRUNG DER ERSTEN ZWEI Gs

Das erste G – Gravitation; Gewicht und Masse; Dichte: das Gewicht des einen Gottes tragen. Die Köttelklasse mißt sich nach dem Gewicht, das sie gewonnen hat.

Gewicht hat, wer Besitz hat. Der Wert dieses Besitzes wird anhand des Staubs gemessen, der sich darauf sammelt.

Die Gravitation wird wirtschaftlich als Stabilität eingestuft. Das heißt, je mehr Gewicht etwas hat, um so unbeweglicher wird es. Deshalb leihen Ihnen die Banken gern mehr Geld, damit Sie mehr Güter kaufen können und infolgedessen unbeweglicher werden. Dadurch hinwiederum werden Sie zu einem geringeren Risiko.

Die feste Position – in Raum und Zeit – ist eine monotheistische Gravitationskonstante, die üble wirtschaftliche Folgen für alle diejenigen hat, die gern herumziehen (poly-neurale Philosophen).

Die Bewegungsfreiheit ist ein Statussymbol sowohl der Reichen wie auch der Weisen. Spielstand = Polytheisten 23, Juristen 0.

GEOGRAPHIE

Ich benutze das Wort Geographie (Linien, die auf einem Stück Papier Zeit und Raum unterteilen) auch auf Kultur und Psychologie bezogen. Die Psycho-Kultur ist eine Folge der Interaktion zwischen Genen und Geographie.

In einem ursprünglichen Sinne stellen Kultur und Psychologie Territorium dar. Wir handeln, als seien wir die eigentlichen Schöpfer unserer Persönlichkeit, unserer Einstellung, unserer Überzeugungen und Wertvorstellungen.

Obgleich die Gravitation die möglichen Kultur- und Psychologie-Typen für uns einschränkt, ist doch genug Auswahl da, um den Begriff des psychokulturellen Gottes-Relativismus zu rechtfertigen. Dieser Gedanke hat allerdings einen internationalen Konflikt heraufbeschworen. Jeder brüstet sich mit seiner eigenen Sorte Dummheit.

FÜR BAKTERIEN DIE KULTUR

Amerikaner essen Austern, schrecken jedoch vor Schnecken zurück.

Franzosen schmecken Schnecken gut, sie verabscheuen jedoch Heuschrecken.

Zulu mampfen Heuschrecken, mögen jedoch keinen Fisch.

Juden essen Fisch, meiden jedoch Schweinefleisch.

Hindus essen Schweinefleisch, beten jedoch Rinder an.

Russen mögen Rind gern, hassen jedoch Schlangen.

Chinesen verschlingen Schlangen, aber keine Menschen.

Die Papua von Neuguinea haben Menschen gern – zum Fressen gern.

KRIEGE SIND KRIEGE ZWISCHEN SKLAVEN

Alle Kriege sind Kriege zwischen Sklaven. Jede rivalisierende Horde von Geo-Sklaven glaubt, ihre Form der Sklaverei sei die bessere. Ein Land mit einem anderen Namen bedeutet — die Wahl zwischen zwei Leibeigenschaften. Jede Bibel ist lediglich das

Überlebenshandbuch oder der HOW-TO-Ratgeber der Sklaven.

WO DIE GERADE LEBT, LAUERT DIE KURVE

Chaos, Paradox, Unsinn und Absurdität erfüllen den Zweck, sich gegen die lineare Welt abzusetzen. Sie sollen nicht etwa an die Stelle linearer Erkenntnisse oder Funktionen treten, sondern unsere Aufmerksamkeit und Bewußtheit auf etwas konzentrieren, dem das lineare Modell nicht gerecht wird, und so dem Voraussagbaren neues Leben einhauchen.

Ferner helfen uns die nicht-linearen Modelle, alte Tatsachen auf eine neue, spannende Art zu sehen. Wenn es ein Summum bonum gibt, dann in der Neufassung und Anwendung eines erweiterten Toleranzbegriffs in bezug auf das Unbekannte. Der Monotheismus hat die Funktion, die Angst unter Kontrolle zu halten, die das Unbekannte erzeugt. Es ist eine Art Kleister, der eine sich ausdehnende Welt zusammenzuhalten versucht.

Diese Modelle als ewige Wahrheiten zu betrachten, bringt die Vernichtungsmöglichkeiten ins Blickfeld, mit denen wir heute konfrontiert sind. Thorstein Veblen meinte beispielsweise in seiner *Theorie der feinen Leute*, der Rückschritt falle der Gesellschaft leichter als der Fortschritt. Was Veblen betrifft, führt dieser Rückschritt unter Umständen zu einer Gesellschaft zurück, die von Kleinheit, Kooperation, Friedfertigkeit und harter Arbeit geprägt ist, statt zu dem industriellen Barbarentum, das seiner Auffassung nach zu seiner Zeit herrschte (1857–1929). Viele New-Ager, Landwirte und religiöse Menschen mögen ja seiner Ansicht sein. Ich nicht.

W. F. Ogburn war der Meinung, die Theorie hinke stets der Innovation hinterher. Dieser Gedanke erklärt vielleicht die Bildung von Gesellschaften im Taschenformat innerhalb einer größeren Gesellschaft. Das wird insbesondere dann eintreten, wenn Wissen und Information so schnell zunehmen, wie viele glauben. Hierbei handelt es sich jedoch nicht um eine allzu trübe Aussicht, besonders wenn wir alle lernen, andere Menschen nach ihren eigenen Dogmen leben zu lassen, ohne sie mit Gewalt zu reformieren. Manche Dogmen fühlen sich allerdings durch andere Dogmen bedroht und leiten daraus ein Recht ab, gewalttätig zu werden. Die Lösung hierfür ist die, die Polizeimacht von allen Dogmen abzuziehen, anders gesagt: eine Polizei einzusetzen wie die in *Am Tag, als die Erde stillstand*. Polytheismus 10 Punkte, Techniker 20, Juristen 1.

Wir, die wir versuchen, ohne gängige Dogmen auszukommen, besitzen in den Augen der Dogmatiker viel mehr Macht, als wir selbst von uns glauben. Vor allem die heutigen Evangelisten und Heilslehrer glauben, daß wir wert seien, bekämpft zu werden. Wir sind eine Kraft, mit der gerechnet werden muß. Die Göttin hat ihren Zug gemacht. Der Zug ist jedoch mit Gefahr und Spannung geladen. Wir müssen endlich Herz und Kopf gebrauchen.

Bei der ganzen verdammten Angelegenheit, vergessen Sie das nicht, geht es um die Befreiung nicht nur irgendeiner Rasse, sondern der ganzen Menschheit. Wir müssen uns von unseren kulturellen Zwängen frei machen, etwa dem bio-sozialen Reproduktions-Mandat/Fraudat.

Nach Ansicht des Autors ist die Reproduktion als sehr wichtig anzusehen, aber nicht nur im Hinblick auf physische Ressourcen, sondern auch im Hinblick auf geistige Ressourcen. Wir können es uns nicht leisten, allzu viele Geister an das Mandat/Fraudat zur Reproduktion zu verlieren (reproduzieren und sterben). Dies lag ursprünglich in der Absicht der Religionen und Gesellschaften, es hatte auch Methode, und es sicherte den Fortbestand der zur Dummheit verurteilten Sklaven-Arbeiter. Doch die Arbeit ist getan. Wir sind genug! Der ganze Vorgang von Zeugung und Kinderaufzucht muß neu überdacht werden. Biegen Sie ab in die Zukunft – legen Sie Wert auf Qualität und ewige Dauer! Die Tage der Quantität, der Opfer für den hungrigen Gott sind gezählt. Begraben wir sie zusammen mit unseren bestialischen Ideologien, die den Toten gehören. Setzen wir Information und Weisheit als unsere Erben ein.

EIN TEIL DER GEHIRNE
IST DEN ANDEREN IMMER VORAUS.
ORIGINALMODELLE,
DIE UNENDLICHEN KORRELATIONS-
MATRIZEN
ÖDIPUS SCHNÖDIPUS, SOLANGE MAN SEINE
MUTTER LIEBT.
DIE HYATT-THERAPIE - MITLEID
UND DATEN

Im folgenden eine Grundform der subjektiven Korrelationsmatrix eines menschlichen Gehirns, das mit dem Ödipus-Mythos zu kämpfen hat. Dr. Freud, ein New-Age-Programmierer, war einer der ersten, der flüchtigen Einblick in die Korrelationsmatrix des Gehirns nahm. Er bediente sich der Methode der freien Assoziationen, um die Vernetzungen verstehen zu lernen.

DIE ERFAHRUNG: Klein Geist/Körper liegt bei seiner Pflegerin, einem größeren weiblichen Geist/ Körper, ideologisch als «Mutter» bezeichnet. Der männliche kleine Geist/Körper wird ideologisch als «Baby» bezeichnet. Wie das zweijährige Baby so bei seiner Mutter liegt und sich an ihr reibt, breitet sich ein Gefühl des Wohlbehagens in seinem ganzen Geist/Körper einschließlich der Zonen aus, die ideologisch als Geschlechtsorgane bezeichnet werden. Das Baby reibt sich immer mehr und erlebt immer stärkere Sinnesempfindungen, die ideologisch als «lustvoll» bezeichnet werden. Das ist die Variable Y, die Sinnesempfindung.

Die Variable X ist weiblich, Pflegeperson, Mutter. Die Variable Z ist die Situation, das Im-Bett-Liegen-und-Reiben. Die Korrelationen für diese Variablen sind im Augenblick theoretisch = 100. Spielstand: Leben 100, Juristen 0.

IDEOLOGIE: Klein Geist (KG) geht im Alter von sieben Jahren in die Kirche und lernt von einem ideologischen Phrasendrescher, etwas mit Namen Inzest sei von Übel. KG hat keine Ahnung, was das Ganze soll, außer daß es mit Stillsitzen, Ruhigsein, Erwachsenwerden und lauten Geräuschen verbunden ist. Kompliziert? Überhaupt nicht! Na schön, ich fahre fort.

Als guter Primat versucht KG die Erwachsenen nachzuahmen, aber als guter Primat versagt KG und wird von der größeren weiblichen Pflegeperson (WG) gezüchtigt. Die Korrelationen sind jetzt bunt gemischt.

Mit zehn Jahren liegt KG mit WG im Bett, reibt und freut sich, als WG merkt, daß etwas nicht stimmt, und sich das Reiben verbittet. KG gerät in Konflikte, da die Korrelation von 1 an Boden verliert. Es tut weh, und es gibt laute Geräusche, die mit anderen lauten Geräuschen assoziiert werden. KG erfährt, daß ein derartiges Benehmen ungehörig sei. KG weiß überhaupt nicht, was eigentlich ungehörig ist, sein Benehmen, die Situation oder er selbst.

Szenenwechsel: Wieder in der Kirche, bekommt KG eine vage Vorstellung davon, was Inzest bedeutet - «lustvolles Verhalten innerhalb der Familie». Dies hat etwas mit körperlicher Lust zu tun. Es ist von Übel, und man wird zur Hölle fahren. Unter diesen Ideologien, Erfahrungen und Folgerungen entstehen zahlreiche Korrelationen. KG ist in Schwierigkeiten und sucht nach einer Lösung, was im allgemeinen nur zu einer Teil- oder Fehllösung führt. Vielleicht denkt er jetzt: «Ich bin schlecht, ich muß ein Geheimnis hüten, sie weiß es, aber weiß er (MG/Vater) es, weiß es der Pfarrer?»

Ängste stellen sich ein in dem Maße, wie frühere Korrelationen auseinanderbrechen. KG steht eine Reihe von Möglichkeiten offen, von denen ich zwei herausgreifen will. Er kann das erste Erlebnis abteilen, von anderen Daten und Korrelationen trennen und säuberlich in eine Schublade tun, oder er kann es in eine vorgegebene Ideologie integrieren, obgleich er es nicht versteht. Denken Sie daran: Wer die höchste Macht besitzt, um etwas zu definieren, hat die höchste Macht.

177

Unter Umständen erweist sich diejenige Ideologie als nützlich, die besagt, daß die Menschen böse sind, daß er ein Mensch ist und daher böse ist und böse Dinge tun wird, die aber ungeschehen gemacht werden, wenn er zur Beichte geht. Diese Ideologie gestattet ihm, einige der Korrelationen aufrechtzuerhalten, indem er einfach hinnimmt, daß er von Natur aus schlecht ist, sich schlecht fühlen muß und diese Schmerzen lindern kann, wenn er bestimmte Rituale ausführt.

Jetzt wird die Schlechtigkeit zu einem Faktor. Einen Faktor können wir als etwas betrachten, das für die Unbeständigkeit in der Welt verantwortlich ist. Er könnte als explanatorisches Konstrukt bezeichnet werden, auch wenn es sich in Wirklichkeit um eine ideologische Definition handelt. Schlechtigkeit ist schlicht ein Müllkübel-Faktor. Eine Stelle, an der die Dinge abgelegt werden, die KG entsetzen.

Die Zeit vergeht; KG wächst heran, heiratet und gründet selbst eine Familie, hat jedoch verschiedene Gesundheitsprobleme, z. B. Magengeschwüre. Er beschließt, sich bei einem Psychoanalytiker in Behandlung zu begeben. Der Analytiker versucht, stark emotionsgeladene Korrelationsmatrizen auszumachen. Nach einiger Zeit wird eine entsprechende Disposition gefunden, und der Analytiker hilft KG, sich dieser Korrelationsdisposition gemäß seiner (des Analytikers) Ideologie zu stellen, die z. B. besagen könnte, daß der Mensch in ewigem Kampf steht zwischen Gut und Böse, Leben und Tod, daß Sex Lust bedeutet, seine Frau nicht seine Mutter ist, er nicht die Geschlechtsteile seiner Töchter berühren darf usw. KG geht es besser, seine Magengeschwüre verschwinden, und der Psychoanalytiker glaubt, seine Begriffsbestimmungen, seine Weltanschauung und Methodik seien damit bestätigt. Mit anderen Worten: KG ist endlich sozialisiert, und die Theorien des Analytikers haben sich bezahlt gemacht.

Ich möchte noch darauf hinweisen, daß unsere Korrelationsmatrizen sehr komplex und nicht nur theoretisch miteinander verwoben sind, sondern auch, was Gefühle und Sinneswahrnehmungen betrifft. Sie aufzuspüren und mit neuen Korrelationen zu versehen ist eine schwierige Aufgabe, da unser(e) Selbstgefühl(e) auf ihnen beruht.

ENT-WICKLE-DICH-METHODE
POLYTHEISTISCHE «THERAPIEN»

Ich habe eine Methode entwickelt, zu der die Energie-Meditation, eine Computeranalyse der Sprache und der sensorischen Präferenzen, Mitleid, Konfrontation und ein Vorgang, der als «Ausleeren» bezeichnet wird, gehören, und die tiefsitzende Korrelationen ausfindig machen soll, durch die Menschen von der Verwirklichung ihres wahren Willens abgehalten werden. Diese Methode dient dazu, Daten zu entkorrelieren und zu rekorrelieren, die jetzt für den Lebenslauf keinen Nutzen mehr haben.

Von unserem polytheistischen Denkansatz ausgehend, suchen wir nach Erfahrungen, Folgerungen und Ideologien, die dazu verwandt worden sind, eine Weltsicht einzuschachteln. Wir nehmen sie auseinander und schaffen daraus eine neue vielfältige Weltsicht. Wir forschen nach Konflikten und falschen Folgerungen. Wir machen Gebrauch vom Sinnesapparat, von Methoden auf der Grundlage multipler Gehirne und Verhaltensweisen, um eine Wende im monomanischen Modell herbeizuführen, das den Menschen unnötige Qualen bereitet. Wir orten und entwickeln Ressourcen, die als unbekannte produktive Korrelationen auftreten.

Informationen werden stets auf mehreren Ebenen gleichzeitig korreliert; nur mit Hilfe gründlicher methodischer Arbeit können die daran beteiligten Prozesse und Schlüsse untersucht werden.

Unsere Korrelations-Matrizen (KM) können uns von großem Nutzen sein, wenn es uns gelingt, uns einen Zugang zu ihnen zu verschaffen. Traumarbeit ist ein Weg, sensorische Deprivation ein anderer. Bei einer Technik, die ich in der Arbeit mit eingeschränkten KMs anwende, wird den betreffenden Leuten vorübergehend der Gebrauch eines ihrer Sinne versagt. Sie hat sich als besonders nützlich bei Menschen erwiesen, die bestimmte Emotionen mit spezifischen, ritualisierten und gefürchteten Verhaltensweisen korreliert haben. Diesen Menschen ist beigebracht worden, Gefühle und Gedanken seien das gleiche wie Verhaltensweisen. Von einem neurologischen Standpunkt aus sind sie das auch, aber nicht vom Standpunkt ihrer äußerlich sichtbaren Ergebnisse aus. Ich kann zum Beispiel auf Grund meiner Gedanken und Überzeugungen von Angst befallen werden, dabei lassen die äußeren Umstände normalerweise viel mehr Möglichkeiten offen als nach «meiner» beschränkten Definition. Es gibt also ein gewisses Unabhängigkeitsgefühl, das wir aus unseren stillschweigenden, fälschlicherweise von einer Strukturgleichheit zwischen innen und außen ausgehenden Annahmen ableiten. Ich bediene mich der Methode namens Flip/Flop, bei der man nahezu zufällig vom Gefühl über das Denken zum Handeln überwechselt und wieder zurück.

Unserer polytheistischen Methode liegt unter anderem die Annahme zugrunde, daß der betreffende Mensch noch lebendig ist und durchaus die Möglichkeit hat, sich eine größere, lustvollere Korrelationsmatrix zu schaffen. Es handelt sich bei ihm nicht um negative Empfindungen, sondern einfach um die Feststellung, daß die Welt unberechenbar ist und immer so bleiben wird. Wie der Monotheismus der Religion oder ein Hitler es getan haben, können wir versuchen, der Welt eine begrenzte Korrelationsmatrix aufzuzwingen, um unser Unbehagen zu vermindern. Das Ergebnis davon liegt auf der Hand. Wir 0 Punkte, die Juristen 46.

Statt uns unserer Unzulänglichkeit zu schämen, sollten wir uns endlich klarmachen, daß sie ein Zeichen für das Unbekannte im Leben ist. Man öffnet sich dadurch allmählich dem Unbekannten, und man lernt leben, ohne zwanghaft die Zukunft voraussagen oder vorausplanen zu müssen. Entdeckungen und Neuem gegenüber aufgeschlossen zu sein heißt immer auch, mit dem Gefühl der Unzulänglichkeit zu leben, das überhaupt nichts mit tatsächlicher Unzulänglichkeit oder Wertlosigkeit zu tun hat. Viele von uns mühen sich ein Leben lang ab, das Unerwartete unter Kontrolle zu bringen oder ihm vorzubeugen. Menschen, die Herausforderungen und Risiken annehmen, erkennen zugleich auch die Möglichkeit eines Mißerfolgs an und akzeptieren ihre Zweifel und Unzulänglichkeitsgefühle. Aber den meisten von uns hat man beigebracht, daß die Welt perfekt durchorganisiert und berechenbar gemacht werden muß, damit alles «in Ordnung» ist.

DER NEUE MYTHOS VOM
BRUDER/SCHWESTER-POLYTHEISMUS

Nach Meinung einiger Leute wurde Isis, die Mutter, das monotheistische Matriarchat, durch den Vater, das monotheistische Osiris-Patriarchat, ersetzt. Ob das nun stimmt oder nicht, es zeichnet sich hier ein Bild der Monomanie, der Kurzsichtigkeit und schließlichen Erschöpfung ab.

Nicht nur Patriarchat und Matriarchat sollten vergehen, sondern auch die ihnen zugrundeliegende Idee des Monotheismus. 93 Punkte für uns, 0 Punkte für die Juristen.

Der heutige Frauenkult tritt dafür ein, daß der absterbende Vaterkult durch das Bewußtsein der Großen Mutter abgelöst wird. Ich sehe allerdings keinen Vorteil in der Rückkehr zu einem monotheistischen Matriarchat. Ich behaupte, daß der Monotheismus, sei er männlich oder weiblich, ausgedient hat.

Eine der Mythen des kommenden neuen Zeitalter besagt, daß der falkenköpfige Gott Horus herrschen wird. Ich glaube nicht, daß er herrschen wird, vielmehr wird er einfach alles auflösen, was vor ihm war. Er gehört lediglich einem Götterpantheon an, das den Beginn der Ära des Bruder/Schwester-Polytheismus anzeigt. Mit anderen Worten: Die Menschen haben vielleicht den Reifegrad erreicht, um den Monotheismus der Mutter/Vater-Religionen der letzten fünf Jahrtausende durch Bruder/Schwester-Religionen zu ersetzen. Meiner Überzeugung nach wird uns ein Bruder/Schwester-Polytheismus mit

181

all seinen Folgen und Begleiterscheinungen die Möglichkeit geben, uns von der Dominanz sowohl der Mutter- als auch der Vatersicherheit und -verehrung zu befreien. Wir werden nicht länger unsere Individualität an die männlich/gewaltsame blinde Unterwerfung unter eine stumpfsinnige Obrigkeit verlieren. Wir werden vielseitig in dem Sinne sein, daß wir uns aufrichtig an die Wahrheit und die Daten halten, statt dem einen Gotthirn zu dienen. Das ist meine Zukunftsvision, und diesem Ziel widme ich mein Leben.

Das Schwester/Brüderliche wird sich auf neue, völlig andere Art manifestieren, und eins wie das andere wird unser Selbstbild und unsere Weltanschauung modifizieren. Mir will es allerdings so scheinen, als müßte zuvor doch Horus, der falkenköpfige Gott, seinen Auftritt haben. Seine Gewalt stünde aber im Dienst einer Euthanasie, des Gnadentodes nicht nur für «Vater» und «Mutter», sondern für den ganzen Monotheismus als solchen.

WEITER GEHT´S

An dieser Stelle vom Ent-wickeln fürs erste Abschied zu nehmen ist traurig und hoffnungsvoll zugleich. Wenn wir uns ent-wickelt haben, ist es an der Zeit, unsere Menschlichkeit neu zu organisieren, unsere einzigartigen, unersetzlichen Reaktionen auf das Leben. Wir sind wieder unvollkommen und frei dafür, unsere Unvollkommenheit als Möglichkeit zur Veränderung aufzufassen, als Chance, mit Mitleid und Härte, mit Herz und Geist zu wachsen und endlich allem Bruder/Schwester zu sein.

Schluß: Es ist nicht mehr nötig, Punkte zu zählen!

DAS HYATT-BEWUSSTSEIN

Viele Menschen haben beim amerikanischen Verlag angefragt, ob Dr. Hyatt inzwischen aus seiner achtjährigen Abgeschiedenheit hervorgekommen wäre. Die Antwort lautet: Ja. Er ist nicht nur in die Zivilisation zurückgekehrt, er steht endlich auch für Vorträge zur Verfügung.

Noch wichtiger: Er ist jetzt bereit und in der Lage, in seinem neuen *Making Life Work*-Zentrum in Kalifornien mit Einzelpersonen und Gruppen zu arbeiten. Wer ihn kontaktieren möchte, schreibe bitte an Dr. C. S. Hyatt, c/o Falcon Press, 2210 Wilshire Blvd., Suite 295, Santa Monica, Ca. 90403, USA.

Vielen Dank für die Aufmerksamkeit

Nick Tharcher

ENT-WICKLE DICH!
EIN NACHWORT
von Antero Alli (Autor von Angel Tech)

ENT-WICKLE DICH ist mit der Kraft eines Verrückten und der Präzision eines Gehirnchirurgen
geschrieben worden und deshalb ohne jede Frage
ein gefährliches Buch. Es ist gefährlich, weil es LE-
BENDIG ist und weil alles wahrhaft Lebendige eine
Bedrohung für DIE UNLEBENDIGEN ist, die sich
gerade zur Schicht KÜNFTIGER MÖBELKÄUFER
in den USA formieren, um das psychische Leiden
unheilbarer Selbstzufriedenheit zu einer anstek-
kenden Krankheit zu machen. Im Hinblick darauf
steht Dr. Hyatt in dem neuesten, fortgeschritten-
sten bakteriologischen Krieg als Vernichtungsex-
perte an vorderster Front ... und bekämpft den
Virus der rasch um sich greifenden fundamentali-
stischen Denkungsart. Diese unheimliche, heim-
tückische Seuche verbreitet sich durch die Luft, die
wir atmen ... in ständig wechselnder Form ... von
der langweiligen New-Age-Bewegung im kosmischen Fu-Fu-Rhythmus über das letzte Verzweif-
lungsröcheln der moralischen Mehrheit bis hin zur
harten, kalten Welt der staatlich finanzierten For-
schungsprojekte. Zum Glück für alle Betroffenen
ist Hyatts Geheimwaffe überhaupt kein Geheimnis
... sein Witz. Mit seinem besten Geschütz, dem
Humor, schafft er es oft genug, den Leser mit vollen
Segeln auflaufen zu lassen.

Da ich eine ziemlich lange Zeit mit Dr. Hyatt
persönlich verbracht habe, kann ich verschiedenes
nur bestätigen ... er ist total «verrückt». Er ist aber
auch brillant und einer der mitfühlendsten Menschen, die ich kenne. Sein Buch *Ent-wickle dich!* ist
insgeheim eine neurologische Autobiographie, denn
es übermittelt eindrucksvoll das, was ihn im wirklichen Leben auszeichnet. Er schreibt, wie er spricht,
und er spricht, wie er denkt. Er tut auch, was er sagt.
Das allein ist schon den Eintrittspreis ins Hyatt-
Theater wert. Manche Leute hier halten ihn für

Rechtsanwälte und Politiker...

…streiten über alles und jedes, und sie schaffen dabei in den meisten Fällen mehr Probleme, als sie lösen; denn das steigert ihr Einkommen, bemerkt Dr. Hyatt bissig.

Damit ist sichergestellt, daß die genannten Berufsgruppen jetzt auch über den Autor herfallen werden.

Wir verlassen das Schlachtfeld mit dem dezenten Hinweis, wie man auch ohne Probleme sein Einkommen aufbessern kann.

einen jener Geheimen Oberbosse, die infolge ihrer überragenden astralen Fähigkeiten in der Lage sind, durch Wände zu gehen und zu sehen, was hinter geschlossenen Türen geschieht. Ich weiß nicht, was ich davon denken soll, also laß ich's. Ich besuche lieber, wenn ich eine gute Dosis ENT-WICKLUNG brauche, Dr. Hyatt und lasse mir eine «Schock-Behandlung» verabreichen. So manch einer konnte bisher seine Praxis nicht finden, weil seine Nummer aus gutem Grund nicht im Telefonbuch stand. Aber das hat sich geändert, und jetzt steht er jedermann zum Ent-wickeln zur Verfügung. Dieses Buch darf eigentlich nicht ohne das Rezept Ihres örtlichen Schamanen und/oder eine schriftliche Einwilligung Ihrer Mutter an Sie verkauft werden. WARUM? Lesen Sie noch einmal die ersten zwei Sätze auf dieser Seite.

Das ENT-WICKELN ist Hyatts Stärke. Die Aufmachung dieses Buches ist genau darauf abgestimmt, Ihre Vorurteile aufzudecken, Sie anzumotzen und Sie ins Labor zu schicken. Ich selbst habe seine Chakra-Therapie sehr nützlich gefunden, sie war mir eine große Hilfe bei der Entwicklung meiner eigenen «Kunst des Auseinanderfallens», einem Muß für «kreative Typen», die endlich selbst die Verantwortung für ihre Zerstörung tragen wollen. Wie Greg Hill in seinem Untergrund-Klassiker *PRINCIPIA DISCORDIA* geschrieben hat: Es gibt zwei Formen der Zerstörung; 1. die destruktive Zerstörung und 2. die kreative Zerstörung. Als Künstler des schnellen Verfalls ziehe ich den letztgenannten Stil persönlicher Auflösung in Zeiten extremer, oft auf anormale Selbstverherrlichung zurückzuführende Verhärtung vor. Allem Anschein nach verkalken äußerst kreative Menschen auf Grund ihrer Neigung, sich in ihre selbstgemachten Strukturen zu verlieben, schneller als der Homo normalis. Wenn wir nicht so wach bleiben wie Kinder, vergessen wir, daß wir uns nur etwas einbilden, und werden zu den Dingen, die wir uns vorstellen . . . zu Statuen . . . zu erstarrten Parodien dessen, was wir einmal waren. «Dr. Hyatt zum Operationssaal bitte, . . . Dr. Hyatt . . .»

Ich empfehle dieses Buch allen «Kindern» überall . . . dem Kind im Manne/in der Frau und all denen, die nicht in die Große Dreckwanne gerutscht sind. Diese Leute sind die Hoffnung des Abendlandes. Ich empfehle das Buch ferner Leuten mit Drogenproblemen (Alkoholikern, Tablettensüchtigen) als Alternativweg zum Selbstmord. Sie könnten vor Lachen sterben, aber egal, wie Sie die Sache auch betrachten, die Geburt tut weh, und wir müssen sterben, um wiedergeboren zu werden. Wählen Sie also das Gift, das Sie dabei begleiten soll! Schweren Herzens schließlich empfehle ich das Buch der großen Mehrheit, den Leuten, die unheilbar *soft* sind, den New-Age-Fans und Anhängern der Human-Potential-Bewegung und den trägen, schmerbäuchigen Fernsehglotzern . . ., nehmen Sie dieses Buch als Knallfrosch-Zäpfchen, zünden Sie es und beugen sich vornüber. Ich empfehle dieses Buch niemand anderem und rate niemandem etwas . . . es ist zu gefährlich, und wer macht die Schweinerei hinterher weg?

«Kann ich jetzt gehen, Dr. Hyatt?»
«Na schön, Anterio, aber flieg nicht zu nah an die Sonne.»

KYBER-SCHAMANEN
DIE NEUE WELLE

Immer wieder bin ich gefragt worden, welcher Trend in Zukunft zu erwarten sei. Darauf habe ich geantwortet: «Wartet, er wird sich schon zu seiner Zeit zeigen.» Gestern nun erstand das Bild vor meinem inneren Auge, und der «Name», der mir kam, lautet Kyber-Schamanen. So! Aber was ist denn ein Kyber-Schamane?

Das griechische Wort CYBER bedeutet Steuermann, Pilot.

Zeitgemäßere Definitionen stammen aus dem Bereich der Kybernetik, die sich mit «den Steuer- und Regelungsvorgängen in Technik und Biologie» befaßt. Wichtig für uns sind also die Begriffe «Steuermann/frau» und «Steuervorgang». Außerdem gehört die Technik dazu, eine pragmatische Form der angewandten «Wissenschaft», die sich auf Funktionalität, Beobachtbares und «Brauchbares» konzentriert.

Das Wort Schamane bezeichnet einen Magier, einen Hexenmeister, einen Medizinmann. Es bezieht sich auf die Steuerung von «Geistern» und «Dämonen» durch die Kraft des Priesters (neurales Know-how).

Wenn wir Geister und Dämonen durch «neural» ersetzen, können wir weiter folgern, daß der Kyber-Schamane ein neuraler Steuerungs-Techniker ist. Was heißt das? Ich will es erklären.

Zunächst einmal kann ein Gedanke, ein Bild usw. eine ähnliche und manchmal sogar gleiche neurophysiologische Reaktion hervorrufen wie ein «wirkliches Ereignis». Lediglich aus Gründen der Klarheit und der Geschichtlichkeit bedeutet ein «wirkliches Erlebnis» nur ein «Ereignis-da-draußen». (Und ein Ereignis-da-drinnen ist dann ein Ereignis im Hirn/Geist.)

Beispielsweise kann die bloße Vorstellung eines Autos, das Sie anfährt, ähnliche psychologische Reaktionen auslösen wie das «Ereignis da draußen», daß ein Auto Sie tatsächlich anfährt. Manche Menschen können sich dadurch töten, daß sie sich (da drinnen) Unfallsituationen schaffen. Dies ist geschichtlich belegt als VOODOO-Tod. Allein diese Tatsache macht die potentielle Macht unserer psycho-neuralen Biologie anschaulich und entspricht dem «Bedürfnis» nach einer Isomorphie-Forschung.

Als ich mich noch als Psychotherapeut betätigte, waren die meisten meiner Patienten keine Kyber-Schamanen, sondern Neuralpassagiere. Ihr Fehler bestand darin, daß sie «unbewußt» Unfallsituationen heraufbeschworen, verbunden mit echten neural-psychologischen Reaktionen, und dann auf allen möglichen Wegen und Umwegen versuchten, die Wirklichkeit «da draußen» mit ihren Schöpfungen (da drinnen) in Übereinstimmung zu bringen. Anders ausgedrückt: Sie legten es darauf an, das Auto zum Zusammenstoß mit ihnen zu bringen. Eine interessante Form von VOODOO?

Meine Aufgabe bestand darin, sie davon abzubringen, «falsche» neural-psychologische Reaktionen bei sich auszulösen, und sie davon abzuhalten, «da draußen» die Bestätigung ihrer Neural-Schöpfungen zu suchen.

Mit Hilfe verschiedenster Techniken wie Körperarbeit, Überredungskunst, Hypnose usw. konnte ich den Prozeß umlenken. Allerdings stellte ich fest, daß sie auch weiterhin Neural-Ereignisse schufen und nach «da draußen» trugen, meistens jedoch ohne Erfolg. Bei der Beobachtung sogenannter «normaler» Menschen fiel mir der gleiche Prozeß auf. Überzeugungen, Hoffnungen und Ideen rufen neural-psychologische Reaktionen hervor. Ich bin inzwischen zu dem Schluß gekommen, daß in uns allen ein Kyber-Schamane schlummert, nur daß die meisten das nicht wissen, und die meisten verfügen auch nicht über die nötige Technologie, um die gewünschten neural-psychologischen Reaktionen zu «erzeugen», geschweige denn über das Knowhow, ihnen die Wirklichkeit «da draußen» anzupassen.

In Fortführung der Pionierarbeit, die Timothy Leary mit Kyber-Psychologie, interaktiver Software und Filmen geleistet hat, und meiner eigenen Arbeit mit magischen Praktiken, Hypnose und Körpertherapie sind wir dabei, gemeinsam eine Buchreihe und Kyber-Trainingszentren zu entwickeln. In den Kyber-Zentren wird es darum gehen, Kopf, Herz, Gefühle und Sexualkräfte gezielt dazu einzusetzen, sein eigener Pilot und Steuermann, kurz: ein Kyber-Schamane zu werden.

C 2296/3

C 2296/3 b